BAES GANSENDONCK

DOOR

HENDRIK CONSCIENCE.

———

MET VIER PLATEN DOOR ED. DUJARDIN.

———

ANTWERPEN,

DRUKKERY VAN J.-E. BUSCHMANN, UITGEVER.

1850.

BAES GANSENDONCK.

1.

HERINNERING.

————

In een dorp tusschen Hoogstraten en Calmpthout, in de antwerpsche Kempen, woonde Peer Gansendonck, de Baes uit de afspanning de *St Sebastiaen*. Ik heb hem gekend, na 1830, toen ik soldaet was. Van dien tyd weet ik echter niets meer over hem, dan alleenlyk dat hy geene soldaten noch boeren lyden kon en liefst met officieren te doen had. Ook was hy ten uiterste tegen den Burgemeester verstoord, omdat deze den kapitein der kompagnie in zyne eigene wooning genomen had, de dry overige officiers by den Baron, den Notaris en den Doctor had gelegd, en hem, Peer Gansendonk, niemand te herbergen overgelaten had dan den sergeant-majoor, uwen ootmoedigen dienaer.

Ik herinner my ook, dat ik myne ledige uren veeltyds doorbragt met allerlei aerdig speelgoed te maken voor Liesken, het vyfjarig dochterken van Baes Gansendonck. Het kind was ziek en scheen te willen verkwynen; maer er was iets zoo lieftallig in zyne engelenoogskens, iets zoo zuiver in zyn marmeren aengezigtje, iets zoo zoet-klagend in zyn zilveren stemmeken, dat ik er eene soort van geluk in vond, het kranke lam door spel, door zang en door vertellingen te troosten en te verkwikken.

Wat schreide Liesken bitter, hoe biggelden haer de tranen over de wangen toen de trommels het laetste vaer-wel roffelden, en dat haer goede vriend, de sergeant-majoor, met den ransel op den rug, daer gereed stond om voor altyd te vertrekken!

Maer zulke indrukken verdwynen zoo snel uit het jong gemoed! Sedert heb ik nooit meer aen het kleine Liesken gedacht, en het kind heeft my ongetwyfeld even diep vergeten.

Nu onlangs bragten myne dwaelreizen door de Kempen my voor de eerste mael weder in hetzelfde dorp. Ik trad erin zonder voorgevoel, zonder de minste verwachting.

Eventwel, niet zoohaest had ik het beeld der kerk, der huizen en der boomen in myn binnenste ontvangen, of een glimlach van verassing klom op myn gelaet en de borst zwol my van blyde aendoening. Bovenal deed het gezigt van het oude uithangbord boven de afspanning myn hart

kloppen.... Ik boog het hoofd met ontsteltenis en bleef
eene wyl roerloos staen om den stroom van jeugdige herin-
neringen te genieten, die als een zoele balsemvloed my
door het hoofd golfde.

Wat moet in de jongheid onze ziele toch beminnend
en magtig zyn, daer zy alles wat haer omringd voor
eeuwig in haerzelve opsluit en met eene onverganglyke
liefdewolk omhuldt! Menschen, boomen, huizen, woorden,
alles, — levend of levenloos, — wordt een gedeelte van ons
eigen wezen; aen elk voorwerp hechten wy eene herinnering zoo schoon en zoo zoet als onze jeugd zelve. Onze
ziele loopt over van kracht, zy spat vonken en sprankels
van haer leven over al het geschapene; en terwyl wy
onophoudend het geluk tegenjuichen dat ons, kinderen
of jongelingen, in de onbegrensde toekomst te wachten
staet, juicht en zingt alles in de natuer eenstemmig
met ons.

Ach, hoe bemin ik de weide, den lindenboom, de
pachthoeve, het kerksken en alle andere dingen die my
zagen, toen de roozen der jeugd en de leliën der zuivere
levenspoëzy my den schedel sierden! Zy hebben genoten
wat ik genoot, ik zag ze weeldrig groeijen, en lachend in
het zonnelicht glansen, toen ik vrolyk was en dartelend
vooruitstroomde in de onbekende baen der menschelyke bestemming. Zy zyn myne oude speelgenoten, myne gezellen;
elk van hen roept iets aengenaems, iets verrukkends tot

my; zy spreken de tael myns harten, alle de fynste snaren myner ziel trillen weder met jeugdige kracht by dien roep...... en in stille godsdienstige aendoening dank ik den Heer, dat hy, zelfs in het bevrozen hart van den afgesloofden mensch, nog de zoete bron der herinnering vlieten laet.

Voor de deur der oude afspanning staende, was ik gansch teruggetooverd naer betere tyden. Ik zag myne kameraden, myne officieren weder; de trommel bromde in de verte, ik hoorde het manhaftig commando klinken, den wegrukkenden oorlogszang boven de huizen galmen, den jagershoorn in het lindenloover schallen...... maer tusschen dit alles verscheen my nog klaerder en frisscher het rustig engelenbeeld van Liesken, dat my toelachte uit het verleden.

Het gedacht des menschen schiet sneller door de wereld der gepeinsen dan het bliksemvuer door de ruimte des hemels: een minuet slechts had ik ontroerd gestaen, en reeds waren vyf schoone maenden van myn leven in volle helderheid voor myne oogen heen gewandeld.

Met groot verlangen en vrolyk gelaet stapte ik op de afspanning aen. — Liesken zal ik zien; zy kan my niet herkennen, ik weet het wel, want het kind moet nu eene schoone vrouw geworden zyn; haer aenblik toch zal my verblyden. — Zy was ziek en kwynend; misschien ligt zy onder de aerde op het stille kerkhof! Weg, dit akelig

gedacht, door de koele rede tusschen myne warme herinnering geworpen!

Maer wat is my dit hier vreemd en droef in den
St *Sebastiaen !* Alles is er veranderd : menschen en
zaken. Waer is Baes Gansendonck? Waer is Liesken?
Waer de schuiftafel, op welke ik met myne kameraden
zoo menige kanne bier verspeelde? Alles is verdwenen!

Arm Liesken, ik zie nog den hoek by het venster,
waer gy met uw hoofdeken op de knie uwer moeder te
rusten laegt, waer ik u zoo verblydde met dien kaerten-
wagen door vier meikevers getrokken; waer uw trage
oogslag, als een gebedeken, my dankte voor myne
vriendschap.

Ik had het altemael zoo diep vergeten! Ik wist zelfs niet
meer dat ik eens in deze streek gekomen was; maer nu
ontspringt uit elke zaek een beeld, uit elke zaek eene
stem : ik zie, ik hoor alles weder; alles wordt jong en
lachend; — ook myn hart, dat terugkeert in de harmo-
nische eenstemmigheid met deze gekende en geliefde
natuer.

Zoet Liesken, wie zou alsdan gezegd hebben, dat ik
eens uwe geschiedenis aen myne landgenoten verhalen
zou, gelyk ik eertyds uw hart verkwikte door kindelyke
vertellingen?

Het leven is gelyk aen eenen dier reuzenstroomen van
Amerika, die eenigen tyd vreedzaem tusschen lachende

oevers vloeijen; maer dan eensklaps van eene berghoogte afstorten en in huilende draeikolken stormend en verbryzelend voortrollen. De mensch is een stroopyl dat vlot op den stroom; de stille vaert tusschen de bloeijende oevers is de jeugd; de brieschende waterval, de slingerende maelstroom is de menschelyke maetschappy, waerin de Man als een stroopyl wordt gestort : het valt, het gaet ten gronde, het verheft zich weder, het duikt op nieuw, het wordt gefolterd, gekneusd, gepletterd, afgesleten. — Wie kan weten op welken oever het arme stroopyl zal worden geworpen?

BAES GANSENDONCK.

I.

Als niet komt tot iet
Dan kent iet zichzelven niet.

aes Gansendonck was een zonderling
man. Ofschoon uit de nederigste dorp-
bewooners geboren, had hy zich echter
al vroeg gaen inbeelden dat hy van veel
edeler stof gemaekt was dan de andere boeren;
dat hy alleen veel meer wist dan een gansche
hoop geleerden te samen, dat de Gemeentezaken in
de war liepen en den kreeftengang gingen, alleenlyk omdat hy, met zyn groot verstand, geen Burgemeester was, — en vele andere dingen van dien aerd.

En nochtans, de arme man kan lezen noch schryven
en had van de meeste zaken zeer weinig vergeten......
maer hy had toch veel geld!

Langs dien kant ten minste, geleek hy aen vele
voorname lieden, wier verstand ook in eene kist onder

slot ligt, of wier wysheid, tegen 5 per cent uitgezet,
jaerlyks met den intrest op nieuw in hun hoofd komt.

De bewooners van het dorp, dagelyks door de verwaendheid van Baes Gansendonck gehoond, hadden
allengskens eenen diepen haet tegen hem opgevat en
noemden hem spottenderwyze de Blaeskaek.

De Baes uit den St Sebastiaen was weduwenaer en had
slechts een kind. Het was eene dochter van achttien of
negentien jaren; zwak en bleek, eventwel zoo zuiver en
zoo fyn van gelaetstrekken, zoo zoet en zoo aenminnig
van inborst dat zy de oogen veler jongmans schemeren
deed. Volgens het waenwys stelsel haers vaders, was zy
veel te goed, te geleerd en te schoon om met eenen
boerenzoon te trouwen. Hy had haer gedurende eenige
jaren naer een vermaerd pensionnaet gezonden, om er
Fransch te leeren en manieren aen te winnen, die met
hare hooge bestemming mogten overeenkomen.

Gelukkiglyk was Lisa, of Liesken, zoo als de boeren
haer noemden, even eenvoudig teruggekeerd, alhoewel
er wel eenige kiemen van ydelheid en lichtzin in haren
geest gestort waren; maer de natuerlyke zuiverheid
haers harten hield deze spruiten der ondeugd onderdrukt,
terwyl hare maegdelyke onnoozelheid, zelfs aen de teekenen ervan iets bekoorlyks byzette, dat alles in haer
verontschuldigen deed.

Na gewoonte had zy slechts eene halve opvoeding

genoten; zy verstond het Fransch tamelyk wel, doch sprak het slechts gebrekkelyk. Daerentegen kon zy uitnemend keurig borduren, veelkleurige muilen en voetkussens maken, met peerlen breijen, bloemen uit papier snyden, uiterst vriendelyk *goedendag* zeggen, neigen en buigen, zeer kunstmatig dansen — en vele andere liefelykheden meer, die in het boerenhuis haers vaders te pas kwamen, gelyk een kanten kraeg aen den hals eener koe, zoo als het spreekwoord zegt.

Van hare kindschheid af was Lisa bestemd geworden om een huwelyk aen te gaen met Karel, den zoon des brouwers, die een der schoonste jongens was die men vinden kon. Daerby zeer welhebbend voor een dorpeling, en redelyk geleerd, vermits hy eenige jaren in het Collegie te Hoogstraten had doorgebragt.

Eventwel, de studie had hem weinig veranderd : hy beminde de ongedwongene vryheid van het boerenleven, was vrolyk als een vogel, drinkende en zingende in eere en deugd met iedereen, vol levenslust, vriend en makker van elkeen die hem kende.

De vroegtydige dood zyns vaders had hem het Collegie doen verlaten om, als leider der brouwery, zyne moeder behulpzaem te zyn; en de goede vrouw dankte den Heer dagelyks, dat hy haer zulken braven zoon tot troost gelaten had; want werkzamer en deugdelyker jongen was er waerlyk niet.

Slechts in tegenwoordigheid van Lisa verloor Karel
zyne losse geestigheid en verviel in dichterlyken ernst en
in onbestemde droomeryen. Daer, by de geliefde maegd
gezeten, maekte hy zich kind met haer, vond genoegen
in hare onbeduidende bezigheden en volgde met godsdienstige aendacht hare minste wenschen in. Zy was
toch zoo teêr, zoo zwak ; maer tevens zoo zuiver schoon,
zyne verloofde ! Ook hy, de sterke manmoedige jongeling, omringde het tengere meisje met eerbied, met
toegevendheid en met angstige zorg, als ware hem het
leven eener kwynende bloeme toevertrouwd geweest.

Tot over vyf of zes maenden had Baes Gansendonck
er geen groot kwaed ingezien, dat zyne dochter de echt-
genote van Karel wierde. Wel is waer, het had nooit
zynen hoogmoed gansch bevredigd ; doch daer een ryke
brouwerszoon, volgens zyne meening, hoogstgenomen
geen boer was, had hy zyn lang gehouden woord niet
willen breken, en zelfs toegestemd dat men alles voor het
aenstaende huwelyk vergaderde en in gereedheid bragt,

Zoo stond de zaek der jonge lieden op eenen tamelyk
goeden voet, — toen de ongetrouwde broeder van Baes
Gansendonck aen eene kortstondige ziekte overleed en
een schoon erfdeel naliet, hetwelk niet lang daerna, in
klinkende munt, binnen de afspanning *St Sebastiaen*,
by andere hoopen schyven werd gestort.

Peer Gansendonck was, met vele anderen, van meening,

dat het verstand, de edelheid en de voortreffelykheid
des menschen alleenlyk moeten afgemeten worden op
het geld dat hy bezit;. en, alhoewel hy geen Engelsch
kon, was hy niettemin uit natuer tot de verhevene
engelsche gedachte geraekt, dat de vraeg : *Hoe veel pond
zilvers weegt de man ?* op alles afdoende en onwederleg-
gelyk antwoordt, volgens het oud vlaemsch spreekvers :

> Het geld dat stom is
> Maekt regt wat krom is
> En wys wat dom is.

Het spreekt van zelven, dat met zulk schoon leerstel-
sel zyn hoogmoed of liever zyne dolheid nog meer dan
zyne goederen was aengegroeid. Hy achtte zich nu ten
minste gelyk met mynheer den Baron van het dorp ; want
hy geloofde dat hy ruim zoo veel pond woog als deze
adelyke grondbezitter.

Van dien dag af kreeg Baes Gansendonck het nog meer
in zyne bovenkamer, en waende zich een der eerste mannen des Lands. Dikwyls droomde hy gansche nachten
dat hy van eenen edelen stam afkomstig was; en, zelfs
by dage wiegelde dit streelend gedacht hem onophoudend
in het hoofd. Om de tegenproeve dezer ingebeelde voortreffelykheid te hebben, poogde hy menigmael te ontdekken, welk verschil er tusschen hem en eenen edelman
mogt bestaen ; maer waerlyk, hy vond er geen.

Wel zegde hem zyn geweten somwylen dat hy te oud

was om nu nog Fransch te leeren of om zyne levenswys gansch te veranderen en in eene hoogere maetschappy te treden; maer kon hy zulks niet meer, zyne dochter ten minste zou opklimmen in de samenleving en trouwen met den eersten Baron den beste. — Wat zalige zekerheid voor Baes Gansendonck ! Eer hy stierve zou hy nog het genoegen hebben, zyne Lisa Mevrouw de Baronnes te hooren noemen ! Hy zelf zou grootvader van eenige Barronnekens zyn !

Daerom begon de liefde van Karel, den brouwer, hem geweldig tegen het hoofd te steken, en hy betigtte in zyn gemoed den vrolyken jongen man van eenen hinder-pael voor de toekomst zyner dochter te zyn. Reeds had hy, in Lisa's tegenwoordigheid, met bitsige kleinachting van Karel gesproken, en dingen gezegd die het meisje dusdanig gewond hadden, dat zy voor de eerste mael haers levens met spyt tegen haren vader was opgestaen, en wel gedurende twee uren bittere tranen had gestort.

Om zyne dochter niet te bedroeven, zag hy van allen regtstreekschen aenval tegen de liefde des brouwers af; maer hy zou het huwelyk wel weten uit te stellen, tot dat de tyd Lisa den blinddoek kwame afrukken en zy zelf overtuigd wierde, dat Karel slechts een grove boer was gelyk de anderen.

II.

Wiens brood men eet,
Diens woord men spreekt.

p den hof der afspanning de *St Sebastiaen* waren de dienstboden en werklieden, reeds met het krieken van den
dag, aen den gewoonen arbeid bezig.
Trees, de koemeid, stond by den bornput en
waschte rapen voor het vee; in de opene schuer
hoorde men het trippelend gekletter der dorsch-
vlegels; de stalknecht zong een ruw lied en
roskamde de peerden.

Een enkel man wandelde onachtzaem over en weder
en rookte zyne pyp, terwyl hy hier en daer staen bleef
om de anderen te zien arbeiden. Hy was insgelyks als
een werkman gekleed, droeg eene vest aen het lyf en
houten klompen aen de voeten. Ofschoon zyn aengezigt
in volle rust van onverschillige luiheid getuigde, blonk

niettemin in zyne oogen zekere schalkheid en arglist.
Overigens was het genoeg op zyne glimmende wangen
en rooden neus te zien, dat hy aen eene vette tafel zat en
den weg tot den kelder wist.

De koemeid liet hare rapen staen en naderde tot de
schuer, waer de dorschers bezig waren met nieuwe
schooven op den vloer te spreiden en die gelegenheid
waernamen om tusschen den arbeid al een woord te
wisselen. De man met zyne pyp stond erop te zien.

« Kobe, Kobe » riep de koemeid hem toe « gy hebt
het regt briefken gevonden! Wy slaven ons dood van
den morgen tot den avond, en krygen voor allen loon
wat scheldwoorden naer den kop. Gy hebt den wind van
achter, gy wandelt, gy rookt uw pypken, gy zyt de
vriend van den Baes, gy krygt de vette brokskens. Gy
moogt zeggen dat uw brood in den honig gevallen is!
Het spreekwoord heeft gelyk ; menschen foppen is maer
eene weet. »

Kobe grimlachte met slimheid en antwoordde :

« Hebben is hebben en krygen is de kunst; het geluk
vliegt, die het vangt die heeft het. »

« Mouwvegen is bedriegen en fleemen is kruipen »
morde een der arbeiders met bitsigheid.

« Woorden zyn geene oorden » schertste Kobe. « Ieder
is op de wereld om den zoon zyns vaders deugd te doen ;
en die wat vindt mag het oprapen. »

« Ik zou beschaemd zyn » riep de verstoorde arbeider
« het is gemakkelyk riemen snyden uit een andermans
leder; maer een varken wordt ook wel vet gemaekt al
werkt het niet. »

« Het is den eenen hond leed dat de andere in de
keuken gaet » lachte Kobe. « Ongelyke schotelen maken
kwade broeders; maer het is beter benyd dan beklaegd.
En vermits een mensch op de wereld toch ergens zitten
moet, zit ik liever op het kussen dan op de doornen. »

« Zwyg, schuimer, en denk dat het van ons zweet is
dat gy zoo vet wordt. »

« Tistje, Tistje, waerom zyt gy dus op my gebeten?
Gy kunt niet verdragen dat de zon in mynen vyver
schynt. Kent gy dan het spreekwoord niet : wie een
ander benydt vreet zyn hart en verkwist zyn tyd? — Zoo
ik nu eens wat minder kreeg, zoudt gy er iets te meer
om hebben? Ben ik hoogmoedig? Doe ik u kwaed?
Integendeel, ik verwittig u tegen dat de Baes komt; en
ik steek u al dikwyls eene goede kanne bier door het
keldergat. Gy zoekt waer het niet verloren is, Tistje. »

« Ja, Ja, wy kennen uwe mildheid : gy slacht den
Pastoor, die zegent iedereen; maer hy zegent zich zelven
eerst. »

« Hy heeft gelyk en ik ook; die den autaer dient mag
van den autaer leven. »

« Het is waer! » riep een ander arbeider. « Kobe is

een goede jongen, en ik wilde wel dat myne voeten in
zyne schoenen staken; dan zou ik ook myn brood verdienen met wolkskens rook naer de kraeijen te blazen :
buiksken vol harteken rust. »

« Ja, dikke buik slapende voet; — volle krop dolle
kop! »

« Laet ze maer praten, Kobe; elkeen kan geene even
schoone star aen den hemel hebben; en ik zeg dat gy
veel verstand hebt! »

« Niet meer verstand dan de Paddestoel, die daer aen
den Kersenboom zit » antwoordde Kobe met gemaekten
ootmoed

Allen zagen verwonderd op naer eene groote zwam-
schyf die tusschen de zwaerste takken des Kersenbooms
groeide. Even ras keerden zy het gezigt naer Kobe om
uit hem, volgens gewoonte, eene kluchtige verklaring te
bekomen.

« Ah, ah! » riep de koemeid « niet meer verstand
dan de Paddestoel? Dan moet gy al een schrikkelyke
lomperik zyn! »

« Gy weet het niet, Mieken. Wat zegt het spreekwoord? Het werken is voor de botterikken. Ik doe niets,
dus?...... »

« Maer wat heeft de Paddestoel daermede te stellen? »

« Zie het is een raedsel : de schoone groote Kersenboom is onze Baes...... »

« ô, Gy mouwveger'! » riep de meid.

« En ik ben de arme ootmoedige Paddestoel..... »

« Schynheilige! » morde de gispende arbeider.

« En als gy dit kunt raden, zult gy weten wat de kleine honden moeten doen om met de grooten uit dezelfde schotel te mogen eten zonder gebeten te wor-den. »

Kobe meende hen nog langer met zyne dubbelzinnige woorden te plagen; maer hy vernam de stem van den Baes binnen in de afspanning, en zegde tot de arbeiders, terwyl hy zyne pyp in haren koker stak :

« Laet de boeren maer dorschen, jongens! Daer is onze brave, vriendelyke Baes, die komt zien of het werk vooruitgaet. »

« Wy gaen ons morgendeten krygen; het zal weêr geen klein geschreeuw zyn! » riep de koemeid, naer den bornput loopende.

« Zoo hy my nog toesnauwt van dagdief en lompen boer, gelyk gisteren, dan werp ik hem den vlegel naer den kop » zegde een der arbeiders met gramschap.

« De kruik zou tegen den steen vechten en zy viel aen stukken by den eersten stoot » schertste Kobe.

« Wat my betreft, ik lach met zyne scheldwoorden en ik laet hem al aen razen » sprak een tweede.

« Gy doet best » viel Kobe in « zet uwe twee ooren wyd open, dan vliegt het langs hier in en langs daer uit.

De Baes mag ook al wat hebben voor zyn geld. Geef hem gelyk en doe wat hy zegt. »

« Doen wat hy zegt? En als men het niet kan ? »

« Dan geef hem toch gelyk en doe het niet; — of liever zeg niets en houd u alsof gy van toeten noch blazen wist, en denk dat zwygen niet kan verbeterd worden. »

« Alle menschen zyn menschen! Ik spot met zyne barschheid. Dat hy maer beginne, ik zal hem ook de tanden eens laten zien. Hy heeft geen regt om my voor een beest uit te maken al ben ik maer werkman. »

Het is wel waer wat gy zegt, en toch slaet gy er nevens, Driesken » bemerkte Kobe « ieder moet zyne plaets op de wereld kennen. Wat zegt het spreekwoord? Zyt gy aembeeld, verdraeg als een aembeeld : zyt gy hamer sla als een hamer. Daerenboven een klein goed woord breekt groote gramschap. En wilt gy het beter hebben, gedenk dat het moeijelyk is met azyn vliegen of met trommelen hazen te vangen.... »

« Kobe! Kobe! » riep eene stem van binnen met hoorbaer ongeduld.

« Zie, zie hem nu zyn hypocrieten-gezigt aentrekken ! » spotte een ander dorscher.

« Dat is juist de kunst die gy nooit zult leeren! » antwoordde Kobe. — En, zich tot de afspanning keerende, riep hy op smeekenden toon, als ware hy verschrikt geweest :

« Ik kom, ik kom. Baes lief, maek u niet kwaed , ik vlieg, hier ben ik al ! »

« Hy wint zyn brood met den schoothond te spelen ! » morde de vergramde arbeider met verachting « dan dorsch ik nog liever myn geheel leven ! Dit heeft men van mannen die door alle netten gevlogen zyn, gelyk hy ! »

« Hy is tien jaer lang onder dienst geweest. Daer leert men den onnoozelen in de klucht spelen om zoo weinig te doen als mogelyk is. Daerna is hy heerenknecht geworden, en van dit stieltje krygt men ook geene weeren in de handen. — Maer wat aerdig raedsel gaf hy ons daer op ? Verstaet gy wat het beteekent ? »

« Och, het is gemakkelyk om raden » antwoordde de eerste « hy wil zeggen dat hy den Baes op den nek zit en hem uitzuigt gelyk de paddestoel den kersenboom. Kom, kom, laet ons nu maer voortdorschen !

III.

Keizer's kat is zyne nicht,
Groote lanteern maer klein licht.

« el nu, Kobe » vroeg Baes Gansendonck aen zynen knecht « hoe zien ik
eruit met myne nieuwe muts ? »

De knecht week twee stappen achteruit en wreef zich de oogen, als iemand die over eene ongeloofelyke zaek verwonderd staet.

« Och, Baes, » riep hy « zeg het eens regt uit:
zyt gy het wel? Ik meende dat ik mynheer den
Baron zag staen. Maer, heilige deugd, hoe kan het
zyn! Hef uwen kop eens wat omhoog, Baes; draei u nog
eens om, Baes; stap nu eens voort, Baes. Zie, gy trekt
op mynheer den Baron gelyk eenen druppel water.....»

« Kobe! » viel de Baes met gemaekten ernst in « gy
wilt my vleijen : dat heb ik niet geern. »

-« Ik weet het, Baes » antwoordde de knecht.

« Er zyn weinige menschen die minder hoogmoed hebben dan ik, al zeggen zy uit nyd dat ik hooveerdig ben, omdat ik geene boeren kan verdragen. »

« Gy hebt gelyk, Baes. Wel, wel, ik twyfel nog of gy de Baron niet zyt!

De vreugde blonk in de oogen van Baes Gansendonck; met het hoofd achterover en in fiere houding staende, bezag hy grimlachend den knecht, die voortging met allerlei gebaerden van verwondering te maken.

Kobe had zynen meester niet gansch bedrogen. Op het uiterlyke, en zyn dom gelaet niet in aenmerking genomen, geleek Baes Gansendonck zeer nauwkeurig aen den Baron. En geen wonder, hy had reeds sedert maenden de dagelyksche kleederen des Barons doen namaken; iets waerop weinig menschen acht gegeven hadden, dewyl de Baron op zyn buitengoed in volle vryheid leefde en slechts zeer gewoone kleederen droeg.

Maer nu, voor eenige weken, had de Baron ook eene gril gehad. Wie heeft er geene? Een allerschoonste waterhond was hem gestorven, en hy had zich van de huid eene muts laten maken. Deze aerdige muts had de oogen van Baes Gansendonck uitgesteken, tot dat hy zich ook zulk eene in de stad had doen vervaerdigen. Nu prykte ze met hare duizend krullen op het hoofd van den Baes uit den *St Sebastiaen*, die zich zelven niet genoeg in den spiegel bewonderen kon, sedert de vleijende uitroepingen zyns knechts.

Eindelyk maekte hy zich bereid om uit te gaen en zegde : « Kobe, neem myne gaffel; wy gaen langs het dorp. »

« Ja, Baes » antwoordde de knecht, zynen meester met gemaekt gelaet op de hielen volgende.

Op de groote baen, tusschen de huizen, ontmoetten zy vele dorpelingen, die beleefdelyk hunnen hoed of klak voor Baes Gansendonck afnamen, doch in eenen lach schoten zoohaest zy hem voorby waren. Vele inwooners kwamen ook met nieuwsgierigheid uit huizen en stallen geloopen om de haren muts van den Baes te bewonderen; deze groette niemand eerst en ging met het hoofd omhoog en tragen statigen tred voort, gelyk de Baron gewoon was te doen. Kobe stapte, met een schynbaer onnoozel gelaet, stilzwygend achter zynen meester, en volgde hem in alle zyne wendingen zoo getrouw en zoo lydzaem na, als hadde hy de plaets van eenen hond vervuld.

Alles verging wel tot voor de smis. Daer stonden eenige jonge lieden te kouten. Zoohaest zy den Baes zagen aenkomen begonnen zy zoo luid op te lachen dat het de gansche straet overklonk.

Sus, de zoon van den smid, die bekend was voor een schalkachtig spotter, wandelde met het hoofd achterover en op kunstmatigen tred voor de smis en bootste Baes

Gansendonck zoo juist na, dat deze van spyt meende te barsten. In het voorbygaen bezag hy den jongen smid met eenen vurigen blik en trok zyne oogen byna tot scheurens toe open; maer de smid bekeek hem met tergenden lach, tot dat Baes Gansendonck, van gramschap dol, morrende en dreigende voortging en eene zystraet insloeg.

« Blaeskaek! Blaeskaek! » riep men hem achterna.

« Welnu, Kobe, wat zegt ge van dit boerengespuis? » vroeg hy toen zynen toorn wat gevallen was. « Dat durft my tergen! my voor den zot houden! Een man als ik! »

« Ja, Baes, de vliegen steken wel een peerd, en dat is zulke groote beest. »

« Maer ik zal ze vinden, die lomperikken! Dat ze maer opletten; zy zullen het duer bekoopen. Bergen loopen elkander niet in 't gezigt, maer menschen wel. »

« Zeker, Baes, uitgesteld is niet verloren. »

« Ik zou wel zot zyn, dat ik myne peerden by dien ongeschaefden dwarskop nog liet beslagen, of myn ander werk liet doen. »

« Ja, Baes, veel te goed is half zot. »

« Er zal niemand van myne boden nog eenen voet in zyne smis zetten. »

« Neen, Baes. »

« En dan zal de spotter staen kyken en op zyne vingeren byten, niet waer? »

« Ongetwyfeld, Baes. »

« Maer, Kobe, ik geloof dat die schelmachtige smid van iemand betaeld wordt om my te vervolgen en te tergen. De Veldwachter meent dat hy het ook is, die op den laetsten Meinacht iets op ons uithangbord geschreven had. »

« In den zilveren ezel, Baes. »

« Het is niet noodig die leelyke onbeschoftheden te herhalen ! »

« Neen, Baes. »

« Gy moest hem eens eene goede afrossing geven, tusschen vier oogen dat het niemand zie. En doe hem dan myne komplimenten. »

« Ja, Baes. »

« Zult gy het doen ? »

« De komplimenten ? Ja, Baes. »

« Neen, de afrossing. »

« Dat is te zeggen als ge my geerne zonder armen of beenen zoudt zien naer huis komen. Ik ben niet heel sterk, Baes; en de smid is geene kat om zonder handschoenen aen te pakken. »

« Zyt gy van zulken laffen snoever vervaerd ? Ik zou beschaemd zyn ! »

« Het is kwaed vechten tegen iemand die zyn leven moede is. Beter bloode Jan dan doode Jan, zegt het spreekwoord, Baes. »

« Kobe, Kobe, ik geloof dat gy van moed niet sterven zult. »

« Ik hoop het, Baes. »

Al koutende verging de toorn van Baes Gansendonck. Tusschen vele gebreken had hy doch eene goede hoedanigheid : alhoewel hy zeer kort van stof was, vergat hy eventwel spoedig het leed dat men hem aendeed.

Nu was hy tot achter eenige mastbosschen geraekt en wandelde er tusschen zyne eigene velden, waer hy allerlei redenen vond om zyn overdreven gevoel van eigendom lucht te geven, en tegen Jan en Alleman te bulderen en te kyven. Hier had eene koe zich mistrapt en van het pad op zyn land getreden, daer had eene geit wat loof van zyn plantsoen gebeten, verder meende hy de voetstappen van jagers en de treden hunner honden te ontdekken.

Dit laetste bovenal deed hem trappelen van woede. Hy had op alle de hoeken zyner velden hooge palen doen stellen met het opschrift *Verbode jagt;* en, niettegenstaende dit, was er nog iemand stout genoeg geweest om zyn regt van eigendom te schenden !

Hy was bezig met daerover eene gansche reeks gramme woorden in de lucht te werpen, en sloeg van toorn met de vuist tegen den stam van eenen beukenboom.

Kobe, stond achter den Baes en dacht op het middagmael ; want er zou een haes zyn. Hy droomde dat men de saus niet goed zou bereiden, en stampte daerover ook al met den voet. Intusschen antwoordde hy anders niet dan « ja, Baes, en neen, Baes » zonder acht te geven op hetgeen zyn meester zegde.

Eensklaps hoorde Peer Gansendonck eene stem, die spottend riep :

« Blaeskaek ! Blaeskaek ! »

Hy zag grammoedig in het ronde, doch bemerkte niemand dan zyn knecht die, met de oogen ten gronde, de lippen verroerde als ware hy aen het eten geweest.

« Wat, schelm, zyt gy het geweest? » riep Baes Gansendonck woedend uit.

« Ik ben het nog, Baes, » antwoordde Kobe..... Maer, och Heer, wat krygt gy, Baes ? »

« Ik vraeg, lomperik, of gy het zyt die daer gesproken hebt ? »

« Gy hebt het immers wel gehoord, Baes ? »

De getergde Gansendonck rukte hem de gaffel uit de handen en meende hem er mede te slaen; maer toen de verbaesde knecht bemerkte dat het ernst was, sprong hy achteruit en riep, met de armen in de hoogte :

« Och Heer, och arme, nu is onze Baes geheel en gansch zot ! »

« Blaeskaek, Blaeskaek ! » riep weder iemand achter den rug van Peer Gansendonck.

Daer zag hy in de takken van den beukenboom eene ekster zitten, en hoorde dat de vogel het scheldwoord nog herhaelde.

« Kobe, Kobe » riep hy « loop en hael myn jagtgeweer. Het is de ekster van den smid : zy moet sterven de lompe beest ! »

Maer de ekster sprong weg uit den boom en vloog naer huis.

De knecht schoot in zulken koortsigen lach, dat hy op het gras nederviel en zich daer eene wyl over en weder rolde.

« Schei uit ! » schreeuwde de Baes, « of ik jaeg u weg. Schei uit van lachen, zeg ik u ! »

« Ik kan niet, Baes. »

« Sta op ! »

« Ja, Baes. »

« Ik zal uwe onbeschoftheid vergeten, op eene voorwaerde : gy moet de ekster van den smid vergeven. »

« Waermede, Baes ? »

« Met vergift. »

« Ja, Baes, als ze het maer wil eten. »

« Schiet ze dan dood. »

« Ja, Baes. »

« Kom, laet ons voortgaen.... Maer wat zie ik ginder in myn mastenbosch? Zyt dan al eigenaer om van iedereen geplunderd te worden ! »

By deze woorden liep hy, door den knecht gevolgd, bulderend vooruit.

Hy had van verre gezien, dat eene arme vrouw en twee kinderen bezig waren met de dorre takken uit zyne mastenboomen te breken en daervan eenen grooten mutsaerd samen te binden. Alhoewel eene overoude gewoonte de arme lieden toelaet, het drooge hout uit de mastenbosschen weg te halen, kon Baes Gansendonck dit echter niet lyden. Het dorre hout was immers zoo wel zyn eigendom als het groene, en aen zyn eigendom mogt niemand roeren. Daerby, het was eene vrouw en hy had dus noch tegenstand noch spot te vreezen. Dit maekte hem moedig en liet hem nu eens toe, den vollen toom aen zyne gramschap te vieren.

Hy vatte de arme moeder by den schouder, terwyl hy uitriep :

« Onbeschaemde houtdieven! Op, vooruit, mede naer het dorp! In de handen der gendarmen! Naer het kot, luije schelmen! »

De bevende vrouw liet het opgeraepte hout vallen, en was zoo zeer door deze schrikkelyke bedreigingen verpletterd, dat zy sprakeloos begon te weenen. De beide kinderen hechtten zich aen de kleederen hunner moeder vast en vervulden het bosch met hun droef gekryt.

Kobe schudde spytig het hoofd; de onverschillige uitdrukking was van zyn gelaet verdwenen: men zou gezegd hebben dat een gevoel van medelyden hem had bevangen.

« Hier gy, luijerik ! » riep de Baes hem toe « steek al eene hand uit om de dievegge naer de gendarmen te brengen. »

« Man lief, ik zal het nooit meer doen ! » smeekte de vrouw. « Aenzie toch myne arme schaepkens van kinderen; zy sterven van schrik ! »

« Zwyg, landloopster » bulderde de Baes « ik zal u dat rooven en stelen wel afleeren ! »

De knecht vatte de vrouw met geveinsde gramschap by den arm en schudde haer hevig; doch hy mompelde ter zelfder tyd zachtjens aen haer oor :

« Val op uwe kniën en zeg *Mynheer*. »

De vrouw wierp zich voor Baes Gansendonck geknield ten gronde, en de handen tot hem opstekende, bad zy :

« Och, mynheer, mynheer, genade als het u belieft, mynheer ! Och, voor myne arme kindekens, mynheerken lief ! »

Door eene verborgene oorzaek scheen de Baes getroffen. Hy liet de vrouw los en aenzag haer half droomend, met een vermilderd en zoet gelaet; eventwel, hy deed haer niet opstaen.

Iemand voor hem nedergeknield ! Met de handen opgeheven ! En smeekend om genade ! Het was koninklyk !

Na eene wyl het grootste geluk gesmaekt te hebben,

ligtte hy zelf de arme vrouw van den grond op en vaegde
zich eene traen van ontroering uit de oogen, terwyl hy
zegde:

« Arme moeder, ik ben wat haestig geweest, het is
al weder gedaen. Neem gy uwen mutsaerd maer op; gy
zyt eene brave vrouw. Voortaen moogt gy het droog hout
uit alle myne bosschen breken; en viel er al wat groen
tusschen, ik zou er nog niets op zeggen. Wees gerust, ik
schenk u myne volle genade! »

Met groote verwondering aenzag de vrouw de beide
zonderlinge menschen die voor haer stonden: den Baes
met zyn beschermend gelaet, den knecht die op de lippen
beet en zigtbaer geweld deed om niet te lachen.

« Ja, moederken » herhaelde de Baes « gy moogt hout
breken in alle myne bosschen. »

Dit zeggende wees hy met de hand in het ronde alsof
de gansche landstreek hem hadde toebehoord.

De arme vrouw ging eenige stappen achteruit om
haren mutsaerd op te nemen en zuchtte met dankbare
ontsteltenis:

« God zegene u voor uwe goedheid, mynheer de
Baron! »

Eene rilling doorliep de leden van Baes Gansendonck:
zyn gelaet werd als beglanst met het licht des geluks.

« Vrouw, vrouw, kom eens hier! » riep hy « Wat
hebt gy daer gezegd? Ik verstond het niet. »

« Dat gy duizendmael bedankt zyt, mynheer de Baron » antwoordde de houtraepster.

Baes Gansendonck stak de hand in den zak en haelde er een zilveren muntstuk uit, dat hy der vrouwe toe-reikte, terwyl hy met de tranen in de oogen haer zegde :

« Daer, moederken, wees gy ook al eens vrolyk; en als het winter is, kom dan alle zaterdagen ginder in den *S* Sebastiaen*; er zal u hout en brood in overvloed gegeven worden. Ga nu maer naer huis. »

Met deze woorden verliet hy de vrouw en keerde haestig uit het bosch. Hy weende dat de tranen hem over de wangen rolden. De knecht, die het bemerkte, vaegde ook met de mouw zyner vest aen de oogen.

« Het is wonder » zuchtte eindelyk de Baes « dat ik geene menschen kan zien lyden, of myn hart loopt ervan over »

« Ik ook niet, Baes. »

« Hebt gy het gehoord, Kobe? Die vrouw nam my ook voor mynheer de Baron ? »

« Zy heeft gelyk, Baes. »

« Zwyg nu een weinig, Kobe; wy zullen stillekens naer huis gaen. »

« Ja, Baes. »

Kobe schikte zich met de grootste onderdanigheid in het voetspoor zyns meesters. Beide gingen droomend voort: de Baes dacht aen den schoonen naem dien de arme vrouw hem gegeven had; de knecht mymerde van hazenhutspot met wynsaus.

Sedert eenige oogenblikken waren dry jagers van achter eenen eiken kant verschenen, en stonden daer nu, lachend en spottend, op Baes Gansendonck en zynen knecht te kyken. Het waren dry jonge heerkens, in schoone jagtkleederen uitgedoscht, met het geweer onder den arm.

Een van hen scheen den Baes uit den *St Sebastiaen* byzonder wel te kennen. Hy legde aen zyne makkers uit, door welken zonderlingen duivel van hoogmoed en waen de man bezeten was, en sprak hun met veel lof van Liesken, zyne dochter.

« Komt, komt » riep hy eindelyk « wy zyn vermoeid: laet ons nu wat vrolyk zyn. Volgt my, wy gaen met den Baes naer den *St Sebastiaen* eene flesch ledigen. Maer let op, dat gy hem eerbiedig toespreket en veel komplimenten maket; hoe gekker hoe beter! »

Dit zeggende sprong hy met zyne makkers over de drooge gracht en liep tot den Baes. Hy boog zich diep en groette hem met vele hoffelykheden.

Peer Gansendonck nam zyne hairen muts in de twee handen en poogde te doen wat de jonge heer hem had voorgedaen. De beide andere jagers, in stede van in deze pligtplegingen te deelen, verborgen zich achter den rug des knechts en deden daer een uiterst geweld om niet in eenen luiden lach uit te barsten.

« Wel, mynheer Adolf, myn vriend » zegde de Baes . « hoe gaet het al met uw Papa? Nog altyd dik en vet? Hy komt ons niet meer bezoeken sedert dat hy in de stad woont. Maer uiter oogen uiter harten! zegt het spreekwoord. »

Adolf greep eenen zyner lachende vrienden by de hand en trok hem met geweld voor den Baes.

« Mynheer Gansendonck » sprak hy statig « ik heb de eer u den jongen heer Baron Victor van Bruinkasteel aen te bieden; maer gy moet zyn gebrek verontschuldigen; het is eene zenuwkwael die hy uit de stuipen gehouden heeft: hy kan geenen mensch bezien, of hy schiet in eenen lach. »

Victor kon zich niet inhouden; hy wierp het hoofd achterover, trappelde met de voeten en werd paersch en blauw van lachen.

« Gy gaet het spel bederven » snauwde Adolf hem in het oor. « Schei uit of hy zal het merken. »

« Doe maer naer uwe beliefte, mynheer van Bruinkasteel » sprak de Baes « van lachen zult gy toch geene eksteroogen krygen! »

Zynen vriend weder by de hand vattende herhaelde Adolf zyne aenbeveling.

« Mynheer van Bruinkasteel heeft de eer niet my te kennen » sprak de Baes met eene buiging.

« Inderdaed » antwoordde Victor « ik heb de eer u onbekend te zyn. »

« De eer is niet groot, mynheer » zegde de Baes zich buigend. « Mynheer komt zeker met onzen vriend Adolf het jagtsaisoen op het hofken doorbrengen ? »

« Om u te dienen, mynheer Gansendonck. »

« Zyn heer vader heeft het jagthof van ons afgekocht » sprak Adolf « mynheer van Bruinkasteel zal jaerlyks, gedurende den wintertyd, uw gebuer zyn en u waerschynlyk dikwyls bezoeken, mynheer Gansendonck »

« Maer, Adolf, myn vriend, waerom blyft die andere jonge heer daer achter Kobe staen ? Is hy dan verveerd van my ? »

« Hy is beschaemd, mynheer Gansendonck ; wat kan men er aendoen ? De bittere jongheid ! Maer, mynheer Gansendonk, gy bezit eene vrye jagt, zie ik ; dus zyt gy ook jager ? »

« Ik ben een groot liefhebber, niet waer, Kobe ? »

« Ja, Baes, van hazen. Ik ook...... als ze hem maer niet laten aenbranden » voegde hy er in zichzelven by.

« Wat mompelt gy daer ? » riep de Baes met hevige gramschap, om de heeren te doen zien dat hy meesterschap over zyne dienstboden had « wat mompelt gy daer, onbeschaemde lomperik ? »

« Ik vraeg of gy niet gelooft dat het tyd is om naer huis

te gaen, Baes. En ik zegde zoo al in mynzelven : visschen en jagen maekt hongerige magen. »

« Als een varken droomt dan is 't van draf ! Gy moet zwygen. »

« Ja, Baes, zwygen en denken zal niemand krenken. »

« Geen woord meer, zeg ik u ! »

« Neen, Baes. »

« Die heeren zullen my wel de eer aendoen, een glas morgenwyn ten mynent te drinken ? » vroeg Peer Gansendonck.

« Het was ons inzigt, mynheer, u dit te verzoeken. »

« Wel, kom aen dan; gy zult ervan weten te spreken van dit wyntje. Niet waer, Kobe, gy hebt hem eens in uw leven geproefd ? En zoo gy uwe vingeren er niet van aflekt, mynheeren, zegt dan dat ik een boer ben. »

« Het is waer, Baes » antwoordde de knecht.

De Baes trad statig in de baen voort en koutte vriendelyk met Adolf, terwyl zyne beide makkers achteruit bleven om hunne vreugde lucht te kunnen geven. Kobe zag alles met schuinsche blikken na, en zou ook wel gelachen hebben, hadde de hazenhutspot hem niet zoodanig in het hoofd gehangen, dat hy er krampen aen de maeg van kreeg.

Het gezelschap trok langzaem naer den St Sebastiaen.

IV.

Breng den wolf in uwen schaepstal nooit!

Het was een prachtige morgenstond. De zon verscheen op de kimme in eenen gloed van brandend goud, waeruit glansende straelbusselen door den ganschen hemel schoten. Haer glinsterend licht boorde spelend door de vensterruiten van den *St Sebastiaen*, en viel daer, als eene roosverwige tint, op het albasten voorhoofd eener maegd.

Lisa Gansendonck zat by het venster voor eene tafel. Zy droomde; — want hare lange zwarte wimpers hingen over hare oogappelen gebogen en een stille glimlach dartelde om haren mond, terwyl by poozen een rood wolkje op hare bleeke wangen van zekere aendoening haers harten kwam getuigen.... En dan weder regtte zy zich eensklaps op haren stoel : een helder vuer scheen in haer oog te vonkelen , en meer zigtbaer lachte zy alsof een gevoel van geluk haer ontroerde.

Zy vatte een antwerpsch fransch dagblad , dat voor haer geopend lag ; en , na er eenige regelen te hebben van gelezen , verviel zy in hare eerste stille houding.

Wat was zy betooverend , daer zittend als een liefelyke droom ! Omringd door de diepste stilte en verlicht door de warmste morgenstrael ! Bleek en tenger , jong en zuiver als eene half geslotene witte rooze , wier hart eerst morgen zich openen moet !

Toonen zoo fyn en zoo weifelend als de stervende zucht van een verre snarenspel , ontvielen hare lippen. Zy zegde zuchtend :

« ô, In de stad moet men gelukkig zyn ! Zulk een bal ! Alle die ryke toïletten , diamanten , bloemen in het hair, kleederen zoo kostelyk dat men er wel een half dorp mede koopen zou , alles glinsterend van goud en licht ! En daerby, de beleefdheid , de schoone tael.... ô Mogt ik dat eens zien , al ware het maer door een venster ! »

Na eene lange mymering scheen de wegrukkende gedachte van een bal in de stad haer te verlaten. Zy verwyderde zich van de tafel en ging voor eenen spiegel staen , waerin zy haer beeld aendachtiglyk beschouwde, hier en daer eene plooi verbeterde en met de handen over het hoofd streek om haer schoon zwart hair te doen glimmen.

Zy was nochtans zeer eenvoudig gekleed; en, voorzeker, men hadde op haer tooisel niet veel weten af te wyzen, ware het niet geweest dat de reuk van den koestal, de berookte muren der afspanning, en de tinnen kannen in de rek van alle kanten sehreeuwden dat jufvrouw Lisa op hare plaets niet was.

Anders was haer zwart zyden kleed zeer effen en slechts met eenen enkelen *volant*; haer *fichu* was roosverwig: dit stond zoo schoon op haer zuiver bleek gelaet! Het hair droeg zy onbedekt; maer het was alleenlyk in blessen platgestreken en achter op het hoofd in een kroontje saemgebonden.

Na eenigen tyd voor den spiegel gestaen te hebben keerde zy weder by de tafel en begon onachtzaem aen eenen kanten kraeg te borduren, terwyl hare dwalende blikken genoeg betuigden dat hare onvaste gedachten van den arbeid weg waren. Welhaest zegde zy overpeinzend en met byna onhoorbare stemme :

« De jagt is open; de heeren uit de stad gaen nu weder naer buiten komen. Ik moet hun vriendelyk zyn, zegt Vader.— Hy zal my mede naer de stad nemen om eenen satynen hoed voor my te koopen.... Ik mag niet met de oogen nêergeslagen zitten; ik moet lachen en de heeren in de oogen zien als zy my aenspreken? Wat wil Vader daermede? Ik weet niet waervoor het goed kan zyn, zegt hy!.... Maer Karel! Hy schynt ontevrede als ik myne kleeding te dikwyls verander; hy lydt als de vreemdelingen te veel met my spreken.... Wat moet ik doen? Vader wil het. Ik mag toch niet onbeleefd tegen de lieden zyn! Maer Karel wil ik ook geen verdriet aendoen.... »

De stem haers vaders klonk voor de deur; zy zag hem buigen en gebaerden van beleefdheid maken tegen dry jonge heeren in jagtgewaed. Een hevig rood klom op haer voorhoofd. Was het van verlangen of van beschaemdheid? — Zy streek nog eens met de handen over hare zwarte blessen en bleef zitten alsof zy niets hadde gehoord.

Baes Gansendonck trad met zyn gezelschap binnen en riep in volle vreugde :

« Ziet, mynheeren, dit is myne dochter. Wat zegt gy van zulke bloem? Zy is geleerd, zy kan Fransch, mynheeren; tusschen myn Liesken en eene boerin is zoo veel verschil als tusschen eene koe en eenen kruiwagen! »

De knecht schoot in eenen luiden lach.

« Onbeleefderik! » riep Baes Gansendonck in gramschap « wat staet gy daer zoo lomp te lachen? Pak u weg! »

« Ja, Baes. »

Kobe ging in den hoek van den haerd zitten en snoof met wellust den hazenreuk op, die uit eene achterkeuken in geurige walmen tot hem kwam. Onderwyl blikte hy

in het vuer, doch luisterde met schynbaer onverschillig
gelaet op hetgeen men omtrent hem al zegde.

Terwyl Lisa opgestaen was, en in de fransche tael
eenige komplimenten met de heerkens wisselde, was
Baes Gansendonck in den kelder gegaen; en keerde even
ras terug met glazen en eene flesch, welke hy voor
zyne dochter op de tafel plaetste.

« Zit nêer, zit nêer, mynheeren » sprak hy « wy
gaen eens tikken met Lisa; zy zal u bescheed doen. Ah,
het is in 't Fransch? Het is wonder dat ik zoo geerne
Fransch hoor; ik zou er eenen ganschen dag op staen
luisteren : my dunkt altyd dat ik liedekens hoor zingen! »

Hy vatte Victor by den arm en dwong hem nevens
Lisa te zitten.

« Zoo vele komplimenten niet, mynheer van Bruinkasteel » riep hy « doe alsof gy te huis waert. »

Het schoon en stil gelaet van Lisa had by den eersten
blik een soort van eerbied aen twee der jonge jagers
ingeboezemd; zy zaten aen de andere zyde der tafel en
beschouwden sprakeloos de eenvoudige maegd, die zigtbaer geweld deed om beleefd te schynen, doch wier verschrikte kuischheid haer voorhoofd als met een rood vuer
deed gloeijen.

Zoo ingetogen was Victor van Bruinkasteel niet; hy
begon stoutelyk het meisje te vleijen, over hare schoon-
heid, over haer borduerwerk, over het Fransch dat zy

sprak; en wist de streelende woorden zoo los en zoo
zwierig door een te werpen, zonder in het minste buiten
de schynbaer betamelyke vormen te gaen, dat Lisa
droomend op zyne tael luisterde als hadde zy een har-
monisch gezang gehoord.

Baes Gansendonck, die by elk woord de hoop in zynen
boezem voelde zinken en eene zekere voorliefde voor
mynheer Victor koesterde, wreef zich lachend de handen
en zegde by zichzelven :

« Niemand weet, hoe een dubbeltje rollen kan, en
alles is mogelyk behalven naer omhoog vallen. — Dat
zou eerst een schoon koppeltje zyn !.... Nu mynheeren, drinkt nog eens. Op uwe gezondheid, mynheer
van Bruinkasteel! Ga maer voort met Fransch spreken;
op my moogt gy geene acht geven : ik zie in uwe oogen
wat gy zeggen wilt. »

De jonge jagers schenen zich ten uiterste te vermaken.
Lisa sprak wel geen goed Fransch; maer uit haren mond
viel alles zoo betooverend eenvoudig, de bestendige
schaemteblos op haer voorhoofd was zoo bekoorlyk; haer
gansch beeld zoo frisch en zoo aenminnig, dat de toon
harer stem alleen genoeg was om in het hart zoete
aendoeningen op te wekken.

Victor, als een afgerigte saletjonker gelyk hy was,
had welhaest de zwakke zyde van Lisa's maegdelyk
gemoed gevonden. Hy sprak haer over de nieuwe mode,

over schoone kleeding, over het stadsleven; beschreef haer in prachtige verwen ballen en feesten, en wist hare aendacht zoodanig te boeijen, dat het arme meisje haren toestand schier onbewust geworden was.

Allengskens verstoutte zich Victor tot zoo verre, dat hy, onder het kouten, als by onachtzaemheid de hand van Lisa aengreep.

De maegd scheen nu eerst te ontwaken; zy trok sidderend hare hand terug, schoof haren stoel achteruit, en wierp eenen droeven vragenden blik in haers vaders oogen. Maer deze, als van blydschap dwalend, bezag haer verwytend en knikte met het hoofd dat zy zou blyven zitten.

De terugstootende beweging van Lisa verraste Victor; hy keerde het gezigt af om zyne verlegenheid te verbergen. Daer zag hy, hoe de knecht in den hoek van den haerd regtstond en hem met eenen dreigenden blik en scherp lachend in de oogen staerde.

Met gramschap keerde hy zich tot den Baes en vroeg:

« Wat heeft die lomperik hier te zeggen, dat hy my zoo onbeschaemd bekyken durft, en my uitlacht? »

« Hy iets te zeggen? » schreeuwde de Baes « Gy zult het gaen zien! — Kobe! »

« Wat is het, Baes? »

« Hebt gy mynheer van Bruinkasteel onbeleefd bezien? Durft gy hem uitlachen, aerdworm? »

« Ik lach gelyk een hond dien men mostaerd aen de tanden gewreven heeft; ik heb myne hand gebrand, Baes. »

« Foei, gy zyt nog te bot om voor den duivel te dansen, gy. Den huize uit! »

« Ja, Baes. »

De knecht verliet de kamer met slepende voeten en nam zyne muts onhandig af als een onnoozele.

Eene wyle daerna was het uitwerksel van Victor's stoutheid reeds vergeten; de jonge lieden koutten weder minnelyk in de fransche tael met Lisa, en de Baes moedigde hen aen om zyne dochter dikwyls te komen bezoeken; er zou altyd eene flesch van den besten wyn voor hen gereed staen. Lisa vond weder genoegen in den lichtzinnigen franschen praet van Victor, en zegde ook in haerzelven, dat zulke hoofsche tael toch duizendmael schooner was dan de gemeine dagelyksche spraek der boeren.

Een jongeling opende de achterdeur en trad, door den knecht gevolgd, de kamer binnen.

« Een glas bier, Kobe, en tapt er voor u ook een » sprak hy.

Deze struische jonge man droeg eenen kiel van fyn blauw lynwaed, eenen zyden halsdoek en eene klak van ottervel. Zyn schoon en regelmatig aengezigt was door de zon bruin gezengd; zyne breede handen getuigden insgelyks van den dagelykschen arbeid, terwyl zyne groote blauwe oogen, vol vuer en leven, deden denken dat geest en hart by hem niet minder begaefd waren dan het lichaem.

By zyne verschyning stond Lisa op en lachte hem verwelkomend toe, op eene zoo vriendelyke en gemeenzame wyze, dat twee der jonge jagers met verwondering hem aenzagen. Adolf, de derde jager, kende hem reeds lang.

De Baes mompelde eenige onheusche woorden en trok een stuer gelaet, alsof de tegenwoordigheid van Karel, den brouwer, hem uiterst lastig viel; hy trapte zelfs verdrietig met de voeten en verborg zyne spyt niet.

Op dit alles scheen de jongeling weinig aendacht te geven; hy hield de oogen op Lisa gevestigd en scheen haer iets te vragen. Het meisje lachte hem nog zoeter en vryer tegen; dan eerst verscheen ook op Karel's aengezigt eene uitdrukking van tevredenheid.

« Vader..... » sprak Lisa.

« Alweêr dit boerenwoord! » riep de Baes.

« Papa » vroeg Lisa zich hervattende « papa, zou Karel geen glas met ons drinken? »

« Wel, dat hy dan een roomer uit de kast neme! » was het barsche antwoord.

« Ik bedank u, Baes Gansendonck » zegde Karel met eenen scherpen grimlach « de wyn smaekt my 's morgens niet. »

« Neen, drink liever bier, jongen; daer krygt gy
eenen dikken kop van! » schertste de Baes lachend,
gelyk iemand die meent iets geestigs gezegd te hebben.

Karel was de onheusche tael van den groven Gansendonck gewoon, en gaf er nu ook geene aendacht op; hy
meende zich over den knecht, in den anderen hoek van
den haerd neder te zetten, doch Lisa riep hem tot haer
en zegde :

« Karel, hier is een stoel; kom zit by, en kout ook
al wat met ons. »

Baes Gansendonck bezag zyne dochter met vergramd
gelaet en beet op de tanden van ongeduld. Dit belette
Karel niet aen de vriendelyke uitnoodiging van Lisa te
voldoen, ofschoon hy de hoonende gebaerden haers vaders
wel merkte.

« Gy zult dit jaer eene goede jagt hebben, mynheeren » zegde hy in de vlaemsche tael, zich nevens
Adolf zettende « het krielt er van hazen en patryzen. »

« Inderdaed, ik denk het ook » antwoordde Adolf,
« maer dezen morgen is het ons toch niet gelukt iets te
schieten : de honden hebben geenen reuk. »

« Ik dacht het! » riep de Baes spottend uit « dat hy
weêr stokken in de wielen zou komen steken! Met zyn
eeuwig Vlaemsch! Nu zult ge weêr niets anders hooren
dan van honden, koeijen, peerden en pataten. Laet gy
hem maer praten, mynheer van Bruinkasteel; en spreek

gy maer Fransch met onze Lisa; ik hoor het immers zoo geerne, dat ik het niet zeggen kan ! »

Karel lachte schokschouderend en bezag Victor gansch vry en stout in de oogen. Deze laetste scheen van zyne losse welsprekendheid beroofd en toonde zich in het geheel niet genegen om in Karel's tegenwoordigheid zyne vleijende samenspraek met Lisa voort te zetten. — Er kwam een oogenblik der lastigste stilte. Met een soort van wanhoop zag de Baes dat mynheer van Bruinkasteel zich begon te verdrieten; hy wierp eenen verwytenden blik op Karel en zegde :

« Mynheer Victor, gy moogt op hem niet letten; hy is onze brouwer en eene kennis van den huize. Maer hy heeft hier toch niets te zeggen, al meent hy dat hy nummer *Een* getrokken heeft. Ga maer voort, mynheer van Bruin-kasteel : ik wil hebben dat myne dochter u vriendelyk zy, en dat zy lache als gy haer aenspreekt. Zoo de brou-wer wat leelyke gezigten wil trekken, kan hy het op de straet gaen doen. »

Door deze woorden aengemoedigd, en willende misschien den jongen brouwer tergen, neigde Victor zich naer Lisa en aenzag haer, sprekende, met een dier verwyfde lonken, die men in de hoogere maetschappy zich toelaet als men geen groot gedacht heeft van de eerbaerheid eener vrouw.

Karel verbleekte sidderend; zyne tanden sloten zich krampachtig op een; doch hy bedwong even spoedig

deze uitdrukking van pyn en toorn Niettemin elkeen
had dezelve bemerkt. Victor had zy gansch ontsteld; niet
dat hy eenige vrees gevoeld hadde; maer zy had indruk
genoeg op zyn gemoed gemaekt om hem allen lust tot
verderen jok en vrolykheid te ontnemen. De Baes was
er heviger door vergramd geworden en stond morrende
te stampvoeten. Lisa, die meende dat haers vaders harde
woorden alleen den jongeling gewond hadden, hield de
oogen neêrgeslagen en scheen gereed om aen het weenen
te gaen. Karel zat rustig op zynen stoel, nog eenigzins
bleek en bevend, doch met schynbaer hersteld gelaet.

Eensklaps stond Victor regt, nam zyn geweer en sprak
tot zyne makkers :

« Komt aen, wy gaen nog wat jagen. Juffer Lisa zal
het my vergeven, zoo ik onwetend iets mogt gezegd
hebben dat haer onaengenaem was. »

« Wat? Wat? » riep de Baes « al wat gy gezegd hebt
was schoon en onverbeterlyk ! En ik hoop wel dat het de
laetste mael niet zal zyn, dat zy u zal zien en hooren. »

« Juffer Lisa denkt misschien anders, ofschoon myn
inzigt geweest is, haer alle eer en vriendschap te bewyzen. »

Ziende dat zyne dochter niet antwoordde, viel de Baes
in gramschap tegen haer uit :

« Sa, wat gaet dat hier worden met dit zotte boeren-
spel? Lisa, Lisa, hoe zit gy daer gelyk een Truiken
roert my niet ! Antwoord eens gauw ! »

Lisa stond op en zegde in het Vlaemsch op koelen beleefden toon :

« Mynheer Van Bruinkasteel, neem het niet kwalyk dat iets anders my doet verstrooid zyn. Wat gy de goedheid gehad hebt my te zeggen is my zeer aengenaem geweest; en, doet gy ons nog de eer aen, in ons huis te komen, gy zult er telkens wellekom zyn. »

« Dat is het! dat is het! » riep de Baes in de handen klappende. « Ach, mynheer Van Bruinkasteel, het is eene peerl van een meisken! Gy kent ze nog niet! Zy kan zingen gelyk een nachtegael!.... Zoudt ge nog wat gaen zitten : ik zal eene nieuwe flesch ophalen? »

« Neen, wy moeten vertrekken, of de dag verloopt geheel. Wees bedankt voor uw vriendelyk onthael. »

« Ik ga nog een eind mede, indien de heeren het toelaten » sprak de Baes « ik heb daer tegen de baen nog een boschken liggen waer ik eens ga naer omzien; 's meesters voeten beteren 't land, zegt het spreekwoord. »

De jonge heeren getuigden te gelyk, dat het gezelschap van mynheer Gansendonck hun veel vermaek zou doen, en gingen met hem, onder heusche woorden, de afspanning uit. De knecht volgde zynen meester.

Zoohaest de beide jongelieden alleen waren, zegde Lisa op zoeten toon :

« Karel, gy moogt niet droef zyn omdat myn vader u wat hard toespreekt; gy weet dat hy het niet meent. »

De jongeling schudde het hoofd en antwoordde :

« Dit is het niet, Lisa, dat my pyn doet. »

« Wat is het dan? » vroeg het meisje met verwondering.

« Ik kan het u moeijelyk uitleggen, Lisa. Uw eenvoudig en zuiver gemoed zou my niet begrypen. Laet ons liever daerover zwygen. »

« Neen, gy moet het my zeggen. »

« Welnu, ik heb niet geern dat die jonge losbollen uit de stad hunne flauwe komplimenten voor u komen uitkramen. Er loopt zoo ligt iets tusschen dat onbetamelyk is; en, in alle geval, die schoone fransche manieren en dat vriendelyk oogentrekken, bewyzen dat zy u niet met den eerbied naderen die eene vrouw toekomt. »

Op het gelaet der maegd schetste zich ongeduld en droefheid.

« Gy zyt onregtveerdig, Karel » sprak zy verwytend « die heeren hebben my niets gezegd dat onbetamelyk was. Integendeel, met hen te hooren leer ik hoe men zich houden en spreken moet om niet voor eene boerin door te gaen. »

Karel boog sprakeloos het hoofd : een pynelyke zucht ontsnapte zyner borst.

« Ja, ik weet het » ging Lisa voort « gy haet de stadsmenschen en de stadsmanieren; maer, wat gy ook daerover denket, my is het niet mogelyk onbeleefd te zyn.

Gy hebt wel groot ongelyk, Karel, dat gy my dwingen
wilt tot haet ten opzigte van menschen die meer dan
anderen verdienen geacht te worden. »

Het meisje had deze woorden met zekere bitsigheid
gesproken. Karel zat stilzwygend voor haer en blikte haer
zonderling in de oogen; zy gevoelde dat hy hevige pynen
doorstond, ofschoon zy niet begrypen kon, hoe het kwam
dat hare woorden hem zoo diep bedroefden. Zy greep de
hand haers vriends met medegevoel en sprak:

« Maer, Karel, ik begryp u niet. Wat verlangt gy
dan dat ik doe? Zoo gy in myne plaets waert, hoe zoudt
gy u dan gedragen als er vreemde heeren komen en u
aenspreken? »

« Het is eene zaek van gevoel, Lisa » antwoordde de
jongeling het hoofd schuddend « ik weet zelf niet wat ik
u raden moet; maer, by voorbeeld, als het zulke jonge
komplimentmakers zyn, zou ik hun wel beleefdelyk antwoorden, doch niet lyden dat zy met dryen rond my kwamen zitten, om my de ooren vol ydele woorden te blazen. »

« En myn vader, die my dwingt! » riep Lisa met
ontsteltenis.

« Men vindt honderde redenen om op te staen als men
niet wil blyven zitten. »

« Alzoo heb ik in uwe oogen misdaen! » snikte de
maegd, terwyl eensklaps de tranen uit hare oogen sprongen. « Ik heb my niet wel gedragen! »

De jongeling naderde digter met zynen stoel by Lisa, en sprak op smeekenden toon :

« Lisa, vergeef het my ! Gy moet ook al wat toegevend voor my zyn : het is myne schuld niet dat ik u zoo geêrne zie. Het hart is my meester; ik kan het niet bedwingen. Gy zyt schoon en kuisch als eene lelie ; ik beef by de gedachte dat een twyfelachtig woord, een onzuivere adem, u treffen kan : ik bemin u met angstigen eerbied, met ontzag; is het dan wonder dat de verwyfde blikken dezer jonkers my sidderen doen ? ô, Lisa, gy gelooft dat myn gevoel laekbaer is. Misschien is het zoo, inderdaed; maer, vriendinne, kondet gy weten welke pyn my den boezem doorgrieft, wat verdriet my dit baert, gy zoudt medelyden hebben met myne al te groote liefde : gy zoudt my die gedachten vergeven en my troosten in myne droefheid. »

Deze woorden, op eenen stillen toon gesproken, roerden het meisje diep. Zy zegde met minzaemheid tusschen hare tranen.

« Ach, Karel, ik weet niet welke gedachten de uwe zyn ; maer hoe het zy, vermits het u verdriet aendoet, zal het niet meer geschieden. Als er voortaen nog heeren komen zal ik opstaen en in eene andere kamer gaen ! »

« Neen, neen, Lisa, zoo meen ik het niet » zuchtte Karel, half beschaemd over den uitslag zyner bemerkingen. « Blyf beleefd en vriendelyk met iedereen gelyk het betaemt, ook met de heeren die daer straks hier waren.

Gy verstaet my niet, lieve. Doe als te voren; maer herinner u dat zekere dingen my bedroeven; vergeet in zulke
gevallen niet dat uw vader zich somtyds bedriegt, en neem
het gevoel uwer eigene weerdigheid tot maetstaf van hetgene u te doen staet. Ik ken uw zuiver hart, Lisa; my is
het gelyk, wie hier in den S' *Sebastiaen* komt; maer ik
wil hebben dat men u eerbiedige : de minste vergetelheid,
de schyn alleen van kleinachting ten uwen opzigte, door-
vlymt my den boezem zoo wreedelyk ! »

« Maer, Karel, gy hebt gehoord dat mynheer Adolf
en zyne vrienden nog dikwyls hier zullen komen. Ik zal
hun wel moeten tael en antwoord geven, zoo ik in hunne
tegenwoordigheid blyve. Zult gy dan telkens kwaed zyn
en verdriet hebben ? »

Karel werd rood; hy verweet zich innerlyk de bemerkingen welke hy zich veroorloofd had, en bewonderde de
eenvoudige goedheid zyner geliefde. Haer de hand vattende sprak hy met zoeten grimlach :

« Lisa, ik ben een dwaes. Wilt gy my nu een genoegen geven. »

« Zeker, Karel. »

« Ja, maer in ernst, in volle regtzinnigheid. Vergeet deze
gril van mynentwege. Waerlyk, het zou my nu bedroeven
indien ik zage dat gy uw gedrag ginget veranderen. Ook,
waerom zou ik het eischen, dewyl uw vader meester is en
u toch zou dwingen volgens zynen wil te handelen ? »

« Zie, Karel, nu zyt gy redelyk » sprak het meisje
« ik kan toch niet anders dan beleefd zyn, niet waer?
Myn vader is meester. Langs eenen anderen kant hebt
gy toch ongelyk; mynheer van Bruinkasteel heeft lang
met my gesproken. Wat hy zegde was zeer betamelyk,
en ik bcken geerne dat ik met veel genoegen op zyne
woorden heb geluisterd. »

Karel voelde weder iets dat zyn hart beklemmen wilde;
maer hy dreef dit opwellend gevoel terug en sprak
smeekend :

« Laet ons het gebeurde vergeten, lieve. Ik heb eene
goede tyding. Myne moeder heeft eindelyk toegestemd :
wy gaen ons huis merkelyk vergrooten; de werklieden
zullen maendag reeds beginnen te graven. Eene schoone
kamer zal er voor u alleen zyn, met marmeren schouw
en fraei behangsel. Wy zullen eene wooning hebben met
byzondere deur, en eene *remise,* waer eene cheeze voor
u zal staen. Zoo, Lisa lief, zult gy door de brouwery
niet moeten gaen noch aen den gemeenen haerd zitten;
gy zult stil en gerust leven en alles hebben wat uw hart
verlangen mag. Verblydt u dit niet, vriendinne? »

« Uwe goedheid is te groot, Karel » antwoorde het
meisje « ik ben u dankbaer voor zoo veel genegenheid
en vriendschap; maer ik geloof dat Vader u van iets
beters spreken zal. Waerschynlyk zal het u ingelyks
bevallen : hy zou geern zien, dat wy het Hofken huerden

dat achter het kasteel ledig staet. My dunkt dat dit gedacht zoo slecht niet is. Zoo zouden wy toch onder de boeren niet meer zyn, en allengskens met ordentelyke menschen kunnen kennis maken. »

« Maer, Lisa » viel de jongeling met ongeduld in « hoe is het mogelyk dat gy daeraen denket! Ik zou myne moeder verlaten? Zy is weduwe en heeft niemand op de wereld dan my alleen!.... En zonder dit, dede ik het toch niet: ik heb gewerkt van kindsbeen af, ik moet blyven werken voor myn eigen genoegen en ge- zondheid, voor myner moeder welvaren; — voor u, Lisa, om uw leven te kunnen versieren met genoegten, en te mogen weten dat de vrucht myns arbeids tot uw geluk bydraegt. »

« Och, dit is immers niet noodig » zuchtte Lisa « onze ouders bezitten geld en goed genoeg. »

« En dan, Lisa, overweeg dat wy nu tusschen de eersten van onzen stand zyn. Uw vader is een der voor- naemste eigenaers in onze gemeente; onze brouwery moet voor geene andere achteruit staen. Zal ik nu gaen toestemmen om eenen *nieuwen ryken* te worden; de vriendschap van hoogmoedige lieden moeten afbedelen en verfoeid worden van myne vorige gezellen, als een die uit hoogmoed Mynheer gaet spelen. Neen, Lisa, dit moge de eigenliefde van sommige vleijen, my zou het vernederen en doen verkwynen. Liever tusschen

boeren geacht en bemind dan tusschen heeren miszien
en misprezen! »

Lisa meende op de driftige tael van Karel te antwoorden; doch de knecht opende de deur en kwam met
schynbare haest voor den jongeling staen, zeer snel
zeggende :

« Karel zoudt gy geern een uer of twee met onzen
Baes kyven? Neen? Ga dan maer gauw loopen; want
hy is razend tegen u. Gy moet hem leelyk op den teen
getrapt hebben. Zoo gy niet vertrekt zal het huis geen
beetje overhoop gaen staen. »

« Ach, Karel » zuchtte Lisa, zyne hand drukkende
« ga maer, tot dat myns vaders gramschap over is.
Dezen namiddag zal hy er niet meer aen denken. »

De jonge brouwer schudde het hoofd, groette zyne
verloofde met eenen droeven oogslag en haestte zich
langs de achterdeur de herberg uit.

De knecht volgde hem en zegde in het voorbygaen :

« Vrees niet, Karel, ik zal een oog in 't zeil houden
en u verwittigen als de wagen te veel uit het spoor
loopt. Er is eene vys losgeschoten by onzen Baes. Stel
u eventwel gerust, de gril zal wel overgaen. De haen op
den toren draeit ook gelyk een zot, en toch wyst hy
somtyds wel schoon wêer! »

V.

Eerbaerheid, der vrouwen roem
Schoone doch ook brooze bloem !

wee maenden waren verloopen.
Op eenen vroegen morgen stonden
dry of vier jonge boeren in de smis,
en spraken daer over velerlei zaken. Sus hield
met de eene hand een yzer in het vuer en trok
met de andere aen den blaesbalg, onder het
fluiten van een langzaem deuntje.

« Sa, wie heeft het nieuws gehoord ? » riep
een der jongelingen. « Lisa Gansendonck gaet
trouwen met eenen Baron ! »

« Ah, ah » lachte de smid « ten naesten jaer komt
Paschen op eenen vrydag ! Ga, verkoop dat nieuws op
eene andere markt. »

« Ja, ja, zy gaet trouwen met den jonker, die sedert

zes of zeven weken niet meer uit den *St Sebastiaen* te slagen is. »

« Als het wel lukt kalft den os! » riep Sus

« Gy gelooft het niet? De Blaeskaek heeft het zelf aen den notaris gezegd. »

« Dan geloof ik het nog veel minder. »

« Weet gy wat ik denk? Baes Gansendonk is bezig met zichzelven een bitter bier te brouwen. Er loopen al vreemde geruchten op de kap van jufvrouw Lisa. De lieden spreken van haer gelyk de joden van het spek. »

« De Blaeskaek zal niet meer hebben dan hy verdient; en die lichtzinnige modepop ook. Die met de kat speelt wordt er van gekrabd, zegt het spreekwoord. »

« En de ongelukkige Karel, — die zot genoeg is om daer verdriet in te maken! Ik zou ze wat schoon naer de maen laten loopen met haren Baron! »

« Ginder komt Karel! » zegde een der jongelingen, die by de deur stond. « Men kan zelfs van zoo verre zien dat hy treurt: hy gaet met de kin op de borst gelyk iemand die spelden zoekt. Men zou zeggen dat hy de spade al op den rug draegt [1]. »

Allen staken het hoofd buiten en zagen naer Karel, die langzaem met het gezigt ten gronde en onachtzaem droomend over de baen stapte.

[1] *De spade op den rug dragen*, wil zeggen : zigtbaer naer het graf wandelen.

Sus, wierp zynen hamer met geweld tegen het aembeeld
en morde binnen's monds als hadde eene plotselinge
gramschap hem ontsteld.

« Wat krygt gy nu ? » vroegen de anderen.

« Als ik Karel zie kookt myn bloed ! » riep Sus « ik
wilde wel een gansch jaer blyven zonder bier te zien,
zoo ik de Blaeskaek tusschen vier oogen eens op den
rug mogt smeden ! Die hoogmoedige lomperik ! Hy
zal door zyne zotte grillen zyne dochter in de schande
brengen : daer is hy meester over; zy verdient toch
niet veel beters, de lichtvink ! Maer dat hy mynen
vriend Karel doet verkwynen van verdriet, en in den put
helpt...... een jonge gelyk een boom, ryk, geleerd,
en goed van harte, die wel honderd Blaeskaken en mode-
poppen weerd is — dat is niet te verkroppen. Zie, ik
wensch niemand kwaed; maer als Gansendonck by geval
den nek brak, ik zou denken, het is eene straf van den
Heer ! »

« Wees maer gerust, Sus; loontje komt altyd om zyn
boontje [1]. Als de mier vleugelen krygt is zy haest dood. »

« Dreig zoo veel niet, Sus, de Blaeskaek heeft gezegd
dat hy u zal doen gevangen zetten. »

« Bah, ik acht den snorker zoo veel alsof hy op den
muer geschilderd ware. »

[1] Op het kwaed volgt altyd de straf.

« Maer kunt gy Karel dan niet doen begrypen, dat hy
ze moet laten loopen waer ze goed voor is ? »

« Daer is geene zalf aen te stryken; hoe meer men hem
in den S' *Sebastiaen* voor den zot doet dienen, hoe erger
het wordt : men maekt hem daer wys dat de kat eijeren
legt; hy is zuiver van zyne zinnen. Moed steekt er ook
niet meer in : als men wat veel van die zaken spreekt,
komen de tranen in zyne oogen, hy keert zich om, en
goedendag tot morgen ! »

« Wel kan Kobe zynen Baes dan niet doen begrypen,
dat als eene kraei met de oeijevaers vliegen wil, zy al
spoedig neêrtuimelt en in de zee verdrinkt ? »

« Baes en knecht zyn op den zelfden kam geschoren;
twee natte zakken droogen malkander niet. »

« Zwyg, Sus, daer is hy; ik geloof dat hy naer de
smis komt. »

Inderdaed, Karel trad de smis binnen en groette de
gezellen met eenen gedwongen grimlach. Sprakeloos ging
hy by de werkbank staen, en draeide droomend aen de
vys of vatte onoplettend de eene of andere gereedschap
in de hand, terwyl de jonge boeren hem met nieuwsgierigheid en medelyden bezagen.

Gewis, een onophoudend lyden moest Karel verteeren;
op zulken korten tyd was hy reeds zeer veranderd. Zyn
gelaet was bleek en aschverwig, zyne oogen dwaelden
zonder glans in het ronde of vestigden zich halsstarrig op

onverschillige voorwerpen; zyne wangen waren ingevallen
en vermagerd. In zyn gansch voorkomen was iets dat van
verzuimenis en onachtzaemheid getuigde : zyne kleederen
schenen niet zoo zuiver als te voren, zyne hair viel ver-
ward in zynen hals.

« Wel, Karel » riep Sus « gy treedt hier alweder
binnen gelyk de zonneschyn, zonder spreken! Kom, kom,
werp die leelyke gedachten over de haeg, en denk dat gy
beter zyt dan degenen die u tergen! maek er een kruis
over en drink er eene goede pint op; met al dat treuren
zult gy de Blaeskaek toch geen verstand geven. En van
zyne lekkere dochter zult gy ook niets anders maken dan
eene . . . . . . »

Eene siddering en een scherpe blik van Karel deed het
woord hem in den mond blyven.

« Ja » hernam hy « ik weet wel dat ik dit kuipken
niet ontdekken mag; gy slacht de slechte zieken, gy
werpt de fleschkens in de gracht; maer dat geeft er niet
aen, het duert al veel te lang met die dwaze grillen. Weet
gy wel wat de Blaeskaek zegt ? Mammezel Lisa gaet
trouwen met mynheer van Bruinkasteel; trouwen voor
Wet en Kerk! »

« Ik heb liever dat hy er mede trouwt dan ik » sprak
een ander « hy zal er wat schoons aen hebben, aen die
verloopen boerin, die met hare deugd geenen weg meer
weet ! »

Karel had zyne vuist krampachtig aen de vys geslagen en zag de sprekenden met bittere scherts in de oogen.

« Lisa? » zuchtte hy op doffen toon « Lisa is onnoozel en zuiver ! Boos en onregtveerdig spreekt gy ! »

Met deze weinige woorden keerde hy zich tot de baen en verliet de smis met langzamen tred, zonder acht te geven op hetgene zyn vriend Sus nog tot hem riep.

Hy ging dwars over de straet, in een voetpad dat naer de velden leidde. Onderwege sprak hy by poozen tot zich-zelven, bleef somwylen stampvoetend staen, ging dan weder met versnelden stap, en dwaelde zoo droomend immer verder, tot dat hy by den hoek van een mast-boschken eensklaps zynen naem hoorde noemen.

Daer zag hy den knecht van Baes Gansendonck op den kant zitten, met eene flesch in de eene hand, een stuk vleesch in de andere en een jagtgeweer aen de zyde.

« Ah, Kobe ! » riep de jongeling met blydschap « wat doet gy hier ? »

« Het is al weder eene gril van onzen Baes » antwoord-de de knecht. « Zoohaest hy my nu derven kan, moet ik op weg om den boschwachter te gaen spelen. Ik zit hier op te letten dat de boomen niet weg vliegen. »

« Ga wat met my ! » smeekte Karel.

« Ik heb juist gedaen met schoven » zegde de knecht opstaende. « Zie, Karel, dit is een schoon jagtgeweer : de haen is zoo vast geroest dat men hem nog met geen

peerd zou kunnen spannen, en de loop is reeds twintig
jaer en dry maenden geladen ! Zulke meesters zulke
geweeren ! »

« Kom, Kobe » sprak de brouwer, toen de knecht
nevens hem stapte « zeg iets dat my troosten moge. Hoe
staet het ginder ? »

« Ik weet niet, Karel, langs welken kant ik den bedorven appel aenpakken zal. Het zit er maer scheef: de Baes
weet niet meer wat hy doet van blydschap; hy droomt
luidop van baronnen en kasteelen; hy loopt wel drymael
daegs naer den notaris. »

« Waerom ? Wat beteekent dit ? » vroeg Karel met
ontsteltenis.

« Hy zegt dat Lisa binnen weinig tyds met mynheer
van Bruinkasteel gaet trouwen. »

De brouwer verbleekte en zag den knecht met droeve
verbaesdheid in de oogen.

« Ja maer » ging Kobe voort « de jonge baron weet er
niets van en denkt er niet aen! »

« En Lisa? »

« Lisa ook niet. »

« Ah! » zuchtte Karel, als viele er een steen van zyn
hart. « Gy hebt my pyn gedaen. »

« Ware ik in uwe plaets » hernam Kobe « ik zou er
klaer willen in zien : als men het onkruid te lang
laet groeijen, vreet het wel het schoonste koren op. Gy

komt nooit in den *St Sebastiaen* dan na dat mynheer van Bruinkasteel is weggegaen; gy zit daer halve dagen by Lisa te treuren dat de steenen er weemoedig zouden om worden. Als Lisa u naer de oorzaek uwer droefheid vraegt, maekt gy haer wys dat gy ziek zyt, en zy gelooft u. »

« Maer, Kobe, wat kan ik doen? By het minste woord, dat ik daerover begin te spreken, barsten de tranen uit hare oogen! Zy begrypt my niet. »

« Vrouwentranen zyn goedkoop, Karel; ik zou daer niet veel opletten : te laet is de put gevuld als het kalf verdronken is. Een hond blyft niet lang aen eene worst gebonden. »

« Wat wilt gy zeggen? » morde de jongeling met schrik « Verdenkt gy Lisa? Vreest gy dat zy......? »

« Zoo ik wist dat een hair op myn hoofd een kwaed gedacht van Lisa had, ik trok het uit. Neen, neen, Lisa is onnoozel in de zaek. Zy meent, och arme, dat dit flikkeflooijen en dit franschspreken de goede manieren zyn. En wanneer zy al eens, uit liefde tot u, den Baron met koelheid afwyst, dan komt onze Baes en dwingt haer tot vriendelykheid. Mynheer van Bruinkasteel moet wel goed zyn; de Baes werpt Lisa tienmael op de week in zyne armen! »

« Hoe? In zyne armen! » riep Karel op somberen toon.

« Het is maer eene wyze van spreken » ging de knecht voort « verstaet gy my niet, des te beter! » '

« Wat moet ik doen ? wat moet ik doen ? » riep Karel met wanhoop op den grond stampende.

« Onder het zand ligt het niet verborgen, Karel. Dat het my te doen stond, ik sloeg er dwars door : beter eene ruit gebroken dan het huis verloren. »

« Wat wilt gy zeggen, om Gods wille spreek klaerder. »

« Welnu, zoek een krakeel tegen mynheer Victor; al moest er gevochten worden, het zal toch eene verandering te weeg brengen; en wat slecht is wordt door verandering gewoonlyk beter. »

« Gaf hy my maer eene reden! » riep Karel uit « maer wat hy zegt en doet is zoo slim berekend, dat men tot barstens toe zonder wraek het aenhooren moet. »

« Kom, kom, het is zoo ver niet te zoeken voor wien het vinden wil. Trap hem voorzigtig op den voet; gy weet wel, op zyn boersch, met fluweelen schoentjes! Dan zal het spel seffens aen den gang zyn. »

« Ach, Kobe, wat zou Lisa daervan zeggen? En zou ik hare faem gaen schenden door eenen aenval, dien men zou aenzien als een bewys dat ik insgelyks kwaed vermoed? »

« Onnoozele, gy denkt dat Lisa nu by de lieden niet op de tonge rydt? Er is niets zoo erg of men zegt het dagelyks van haer. De heele zaek hangt aen het klokzeel en iedereen hangt er nog wat by. »

« God, God, zy is onschuldig en zy wordt betigt als eene misdadige ! »

« Karel, er is geen bloed meer in uw hart. Gy ziet het kwaed dagelyks aengroeijen en gy legt, als een onmagtig kind, het hoofd erby neder. Gy ziet dat alles samenloopt om uwe onnoozele vriendin in het verderf te storten : de betooverende tael van Victor, de dwaze hoogmoed haers vaders en hare eigene zucht naer al wat stadsch is. Niemand vermag iets te doen om haer te redden dan gy...... engelbewaerder die in slaep valt terwyl de duivel bezig is met het zieltje te verschalken ! Alzoo, door uwe vreesachtige lydzaemheid, laet gy Lisa alleen tegen het dreigend gevaer staen. Indien zy onge- lukkiglyk strunkelde, aen wien zou de schuld zyn ? Kom aen, help u zelven zoo helpt u God ; wordt moedig, snyd den knoop over, word man ! — Zegt het spreekwoord niet : omdat zy dolen die den weg weten, ziet men den wolf het schaep eten ? »

Karel antwoordde slechts na eene wyl.

« Eilaes, eilaes » zuchtte hy « ik ben verveerd van alles. Wat wil ik ondernemen ? Ik weet dat by den eer- sten blik van Lisa de laetste vonk van moed my ontval- len zou : het hart is ziek, Kobe ; ik moet myn bitter lot onderstaen. »

« Verdedig haer dan ten minste tegen den bloedigen hoon van den Baron zelven ? »

« De hoon ? Heeft hy haer gehoond ? »

« Weet gy wat mynheer van Bruinkasteel eergisteren spottend tot zyne gezellen zegde, in tegenwoordigheid van Adolf's jager ? »

Hy naderde geheimzinnig tot den brouwer en sprak eenige woorden in zyn oor.

« Gy liegt ! gy liegt ! » riep Karel, den knecht van zich wegstootende. « Hy heeft het niet gezegd ! »

« Gelyk gy wilt, Karel » mompelde Kobe « ik ben ook te vrede : ik lieg, de jager liegt ; het is niet waer, het kan niet zyn, mynheer van Bruinkasteel ziet Lisa veel te geern om zoo iets te zeggen ! »

Karel had zich aen den stam van een mastboomken vastgegrepen ; zyne borst heigde geweldig ; zyn adem ver-smolt in een akelig gorgelgeluid, terwyl zyne oogen met een somber vuer onder de neêrgezonken wenkbrauwen gloeiden. Wat de knecht hem in het oor gefluisterd had, moest hem eene ysselyke wonde in het hart geslagen hebben ; want hy stond daer sidderend als een riet en brullend als een leeuw.

Eensklaps stak hy zyne vuist tot den knecht uit en riep gansch buiten zich :

« Ah ! het is dus eene moord die gy my aenraedt, duivel ? »

Kobe trad eenige stappen met schrik achteruit en stamelde :

« Sa, Karel, is het om te lachen ofte niet, dat gy een gezigt trekt gelyk den hongersnood? Ik heb u immers niets misdaen? Als gy my liever van achter ziet, gy moet het maer zeggen : met eenen goedendag is alles uit en ieder gaet zynen weg. »

« Blyf hier! » schreeuwde den brouwer.

« Doe dan uwe handen open » antwoordde Kobe « ik zie niet geerne gesloten vuisten. »

Karel sloeg op nieuw de oogen ten gronde en bleef eene lange wyle roerloos staen, zonder naer den knecht om te zien. Eindelyk hief hy het hoofd op en vroeg met eene bevende stem :

« Kobe, is Victor van Bruinkasteel op dees uer in den St Sebastiaen ? »

« Ja maer, ja maer » riep de knecht met angst « gy gaet er niet naer toe, Karel; al moest ik met u vechten, ik zal u tegenhouden, zoo lang er een lid aen myn lyf levendig blyft. Ik begryp u niet: gy zyt gelyk het spreekwoord zegt: nu te wys, dan te zot, altyd bot. Gy zoudt daer al schoone dingen gaen doen in den St Sebastiaen ! Gy ziet eruit als een losgebroken stier ! »

Zonder op deze woorden te letten keerde Karel zich om en stapte haestig in de rigting der wooning van Baes Gansendonck. De knecht liet zyn geweer vallen en sprong voor den brouwer, hem met geweld weêrhoudende.

« Laet my gaen, » sprak Karel terwyl hy Kobe met eenen

scherpen grimlach aenzag « zoo ik wil kunt gy my het
immers toch niet beletten. Waerom my dwingen u leed
te doen ? »

De koelheid dezer woorden verwonderde den knecht ; .
hy liet echter niet los en vroeg :

« Belooft gy dat het by woorden blyven zal en dat gy
de handen uit de mouw niet steken zult ? »

« Ik zal niemand hinderen » antwoordde de jonge
brouwer.

« Wat gaet gy dan doen ? »

« Uwen raed volgen, Kobe; rekening vragen aen allen,
en regtuit zeggen wat my op het harte ligt ; maer vrees
niet, Kobe, ik heb eene moeder ? »

« Ah ! is uw verstand teruggekeerd ? Gy zoudt den haen
op den toren eene les kunnen geven ! Het is ongeveinsd
niet waer ? Wel, kom aen dan , ik ga mede. Houd u koel
en sterk, Karel; stout gesproken is half gevochten. Maek
wat gerucht, toon uwe tanden, en lees den Baes zyn
evangelie eens; hy zal van moed de koorts niet krygen.
God weet, zoo gy hem goed aen boord komt, of hy zelf
den Baron niet verzoekt om zyne deur voorby te gaen ;
en dan: na lyden komt verblyden ! My dunkt, ik zie
den speelman reeds op het dak zittten ! »

Zoo gingen beide op matigen tred in de baen voort; de
knecht toonde den jongeling een troostend uitzigt en
moedigde hem aen tot berekende stoutmoedigheid , hem

radende voor dit mael op de tranen van Lisa niet eerder acht te slaen, dan na dat hy het voorgestelde doel gansch zou hebben bereikt.

Niet verre van de afspanning verliet Kobe zynen mymerenden makker, zeggende dat het hem te vroeg was om naer huis te keeren, en hy nog wel een gansch uer boschwachter moest spelen.

Karel drukte hem dankbaer de hand en beloofde zynen raed te volgen. Het scheen den jongeling, zoohaest hy alleen was, dat een doek hem van de oogen gevallen was, en hy nu eerst met klaerheid doorgrondde wat er omging en wat hem te doen stond. Hy stelde zich voor, Baes Gansendonck rekening over zyn gedrag te vragen en hem — het mogt hem lief of leed zyn — te doen gevoelen, hoe zyne dwaesheid niet alleen den goeden naem van Lisa vernietigde; maer hare eerbaerheid zelve in gevaer bragt. Het aengezigt des jongelings, toen hy de afspanning naderde, getuigde van een kalm besluit.

By de achterdeur van den *St Sebastiaen*, veranderde eensklaps deze stille gemoedsstemming.

Binnen in de kamer klonk de verleidende stem des Barons; hy zong eene fransche romance, warvan toon en maet, liefde en dartelheid ademde.

Karel bleef by het hooren van dien zang, bevend staen en luisterde met koortsige aendacht :

» *Pourquoi, tendre Elise, toujours vous défendre?*
» *A mes désirs daignez vous rendre* [1] *!*

Stuiptrekkend verkrampten de vingeren des brouwers ;
Een vreesselyke storm stond op in zyn gefolterd gemoed :

    » *Ayez moins de rigueur ;*
    » *Si mon amour vous touche,*
    » *Qu'un mot de votre bouche,*
    » *Couronne mon ardeur !*

De stem van Lisa mengde zich vreesachtig tusschen
het lied; zy zong ook de dartele woorden !

Het bloed bonsde onstuimig door de aderen des jonge-
gelings; zyne oogen werden rood, zyne tanden sloten
krakend op elkander; en toen de laetste verzen van het
gezang, uit den mond van Lisa en uit den mond des
Barons, als verteerende vuersprankels op zyn hart vielen,
klom zyn hair te berge op zyn hoofd.

    » *Pitié ! mon trouble est extrême.*
    » *Ah, dites je vous aime !*
    » *Je vous aime !*

« Brave ! bravo ! » riep de Baes in de handen klappend
« och, hoe schoon ! »

---

[1] Gedeelte van een aria uit het fransch opera *Joconde*.

Een sombere gorgelklank viel ratelend uit des jongelings mond, terwyl hy de afspanning binnenstapte.

By zyne verschyning in de kamer, sprong elkeen van
schrik of van verrassing regt : Lisa liet eenen snydenden
angstschreeuw en stak de armen biddend tot Karel uit ;
de Baron zag hem met fierheid en ondervragend in de
oogen ; de Baes trapte ongeduldig met de voeten en
morde hoonend in zichzelven.

Eene korte poos bleef Karel, als een zinnelooze, met
de hand aen eenen stoel staen ; hy beefde dat zyne beenen
onder het gewigt zyns lichaems dreigden te plooijen ; zyn
gelaet was bleek als een linnendoek, over zyn voorhoofd
en wangen liepen krampachtige zenuwrillingen : akelig
moest zyn gansch wezen zyn ; want de Baron, hoe moedig
hy anders ook ware, verbleekte insgelyks en week eenige
stappen achteruit om zich uit het bereik van den woedenden brouwer te stellen. Baes Gansendonck alleen
scheen nog met Karel te spotten en bezag hem met
eenen lach van mispryzen.

Eensklaps wierp de jongeling eenen vurigen blik van
haet en wraekzucht in de oogen des Barons. Deze, daerdoor gehoond, riep op trotschen toon :

« Sa, wat beduidt hier dit kinderspel ? Weet gy met
wien gy te doen hebt ? Ik verbied u my nog zoo barsch
te bezien ! »

De brouwer sloeg brieschend de vuist aen den stoel

en meende hem ongetwyfeld in de hoogte te heffen om
den Baron er mede op het hoofd te slaen; maer vooraleer
hy deze beweging kon volvoeren hing Lisa huilend en
bitter weenend hem aen den hals. Zy schouwde hem zoo
smeekend, zoo liefderyk in de oogen; zy noemde hem
met zulke zoete namen, dat hy welhaest zich ontzenuwd
op den stoel liet nedervallen, terwyl hy met eenen langen
zucht haer zegde :

« ô, Dank, dank, Lisa : gy hebt my gered ! Zonder u
was het gedaen ! »

Het meisje hield zyne twee handen vast en ging voort
met hem door woorden van liefde te stillen en te troosten;
zy bemerkte wel, aen zyne durende onsteltenis, dat de
woede nog in zynen boezem brandde, en deed geweld om
uit hem de oorzaek zyner verdwaeldheid te vernemen.

Ondertusschen naderde de Baron tot de deur en meende
de herberg te verlaten; maer Baes Gansendonck riep
hem toe :

« Wel, mynheer de Baron, zyt gy van eenen dwazen
boer verveerd ? Blyf toch, ik ga hem door myne boden
aen de deur doen zetten. »

« Ik ben van geenen dwazen boer verveerd » antwoordde de Baron, de deur openende « maer het betaemt
my niet met eenen dwazen boer in stryd te komen. »

By deze hoonende woorden sprong Karel op, rukte zich
los uit de armen zyner vriendin en stapte naer de deur

om den Baron op de straet te volgen; maer Baes Gansendonck weêrhield hem, en riep in de uiterste gramschap:

« Hola, kerel, tusschen ons nu! Het duert al lang
genoeg. Wat? gy zult de lieden uit myn huis jagen en
hier Baes komen spelen! mynheer de Baron van
Bruinkasteel met stoelen slaen! Wat let my dat ik u
met de gendarmen niet doe opbrengen! Kom aen, ik
moet u dingen zeggen die myne dochter niet hooren
mag; — zoo zal het in eenen keer gedaen zyn, of ik zal
u toonen wie hier meester is. »

Op het gelaet van Karel glimde een bittere lach.
Hy volgde den Baes in eene andere kamer; deze sloot de
deur langs binnen en stelde zich dan sprakeloos, met
dreigende oogen voor den brouwer, die zigtbaer geweld
deed om zyne ontsteltenis te bedwingen en de kalmte te
winnen, welke hem in deze gewenschte samenspraek tot
zyn doel noodig was.

« Trek maer leelyke gezigten zooveel gy wilt » sprak
de Baes « ik lach met uwe grillen. Gy gaet my eens gauw
zeggen, wie u het regt geeft om in myn huis te komen
en baldadig te zyn tegen iedereen? Of meent gy dat gy
myne dochter gekocht hebt? »

« Terg my niet, om Gods wille » smeekte Karel « laet
my wat bekomen; ik zal rede met u spreken; en wilt gy
my niet begrypen, ik zal weggaen en nooit eenen voet
meer over uwen dorpel zetten. »

« Nu, nu, ik ben nieuwsgierig; ik weet wat liederen gy gaet zingen, maer het zal toch niet gelukken : gy klopt aen eene doovemans deur ! »

De woede schokte Karel by deze scherts; hy sprak zeer haestig en met hoekige gebaerden :

« Myn vader heeft u bygestaen, u van verval gered. Gy hebt hem op zyn doodbed beloofd, dat Lisa myne bruid zou worden; gy hebt onze liefde aengemoedigd...»

« De tyd verandert en de menschen ook ! »

« Nu gy wat slyk geërfd hebt, slyk dat men geld noemt, nu wilt gy niet alleen, als een ondankbare, uw plegtig woord breken; maer gy besmet den goeden naem myner verloofde. Tegen de hoop op eene onmogelyke ver-heffing, verkoopt gy hare kuischheid en doet gy hare eer door het slyk der straet sleuren.... »

« Oh, oh, wat toon is dit ? Tot wien meent gy dat gy spreekt ? »

« En my doet gy verkwynen, sterven van verdriet en wanhoop. Niet omdat gy my Lisa ontrooven wilt. Neen, dit kunt gy niet: my bemint zy ! Maer, kan er eene grootere martelie gevonden worden dan zyne vrien-dinne, zyne bruid, onder zyne oogen te zien bederven, te zien bevlekken door alles wat de stad lichtzinnigs en zedeloos uitbroeit? Haer voor het autaer te moeten verwachten met het kleed der zielenreinheid aen stukken gescheurd ? »

« Hebt gy dien onverstaenbaren rimram van buiten geleerd ? Hy is er niets te klaerder om. Ik ben meester, en wat ik doe is wel gedaen; of denkt gy dat gy meer verstand hebt dan Baes Gansendonck ? »

« ô, Gy blinde, gy dwingt uwe dochter tot het aenhooren der venynige woorden des Barons : iedere vleijery is eene smet op hare zuivere ziel. Gy stoot haer in het verderf; en, valt zy...... eilaes, de vader zelf zal den put gegraven hebben waerin de eer van zyn kind verzinken moest. Wat hoopt gy? Dat zy met mynheer van Bruinkasteel trouwe ? Ah, ah, het kan niet ! Al ware zyn vader en zyn maegschap niet daer om het te beletten, hy zelf zou eene vrouw verstooten, die door uwe onbewimpelde aenlokkery en door zyne laffe streelingen in zyne eigene oogen reeds is onteerd. »

« Ga maer voort » lachte Baes Gansendonck « ik wist niet dat gy zoo vele noten op uwen zang hadt. Zy zou met den Baron niet trouwen? Wy zullen het eens zien! Gy moogt nog al op de bruiloft komen als gy u goed gedragen wilt. Stel de liefde uit uw hoofd, Karel, dit is het beste dat gy doen kunt : gy mogt er anders nog in stikken! En blyf liever met vriendschap uit ons huis weg; — want gy kunt wel begrypen, dat de Baron nu byna den ganschen dag hier zal zyn, en gy zoudt hem maer onder den voet loopen : hy is geen man om veel met boeren om te gaen. »

« Alzoo, niets vermag het aenschouwen myner doodelyke smart op u? Hy zal nog komen; haer vleijen, haer
bedriegen met ysselyke woorden, zingen van lusten en
driften, en het hart myner Lisa vervullen met venyn dat
alle eerbaerheid verteeren moet? »

« Venyn? Wat is dit te zeggen? Omdat gy het niet
kunt nadoen. Zoo spreken de boeren altyd van de stadsmenschen; zy barsten van nyd als ze iemand zien die
goede manieren kent en beleefd is. Maer hael uw hart
op, jongen; ga maer voort, het helpt toch niet. De
Baron zal blyven komen, en Lisa zal mevrouw worden.
Al liept gy uwen kop aen twee, het zou er nog niet meer
aen helpen dan eene vlieg in uwen brouwketel. Ik heb
het regt om in myn huis en met myne dochter te doen
wat ik wil, en niemand heeft zynen neus daer tusschen
te steken; gy zoo min als een ander! »

« Het regt! » riep Karel met bitteren lach « het regt
om de eere van uw kind te vermoorden! Om haer,
onschuldig en zuiver als zy is, over te leveren aen den
laster van iedereen? Om haer te doen bespotten en haer
als de lichtzinnige liefdepop van eenen verwyfden jonker
door elkeen te doen verfoeijen! Neen, neen, dit regt
hebt gy niet! My hoort Lisa toe. Wil haer vader haer
in den modder der schande dompelen, ik zal haer zegepralend eruit verheffen. Mynen pligt had ik vergeten;
maer nu is het gedaen! Uw Baron zal wegblyven; Lisa

zal gered worden tegen uwen dank. Neen, ik eerbiedig uwe noodlottige eerzucht niet meer! »

« Is dit nu alles wat gy te zeggen hebt? » vroeg Baes Gansendonck met de grootste onverschilligheid « dan zal ik u maer in eenen keer zeggen, dat ik u myn huis verbiede; en als gy nog hier durft komen, zal ik u door den veldwachter en myne knechts aen de deur doen zetten. »

« Eene herberg staet voor iedereen open! »

« Er zyn kamers genoeg aen myn huis, waer de Baron met myne dochter kan spreken. »

De jongeling viel afgemat en moedeloos in eenen stoel, liet het hoofd zinken en bleef sprakeloos met de oogen ten gronde zitten.

« Nu, nu, begin uwe matten maer op te rollen » zegde de Baes « die blauwe scheen zal gauw genezen zyn. Ga naer huis, en blyf voortaen uit den *St Sebastiaen*, zonder u met Lisa te bemoeijen. Op die voorwaerde zullen wy van verre nog vrienden zyn. Ik zal uwen hoogmoed en uwe dwaze grillen vergeten. Laet verstand is ook wysheid. — Welnu, gaet gy? »

Karel stond op; zyn gelaet had eene volledige verandering ondergaen. Nu was de overspanning zyner zenuwen verdwenen; de koortsige pooging tot krachtdadigheid had hem uitgeput, de vruchteloosheid zyner woorden hem allen moed ontroofd. Smeekend en met de handen te samen, kwam hy voor den Baes staen en bad met vochtige oogen :

« ô, Gansendonck, heb medelyden met my, met Lisa! Wees zeker, ik zal sterven...... By de gedachtenis myns vaders, ik bezweer u, open de oogen. Schenk my uwe dochter tot vrouw vooraleer haren naem gansch onteerd zy. Ik zal haer gelukkig maken, haer beminnen, als een slaef voor haer zorgen en werken! Ik zal u eerbiedigen, u gehoorzaem zyn, u liefhebben als een zoon, u dienen als een knecht! »

Ziende dat Karel zich zoo zeer voor hem vernederde, gevoelde de Baes eenig medelyden met hem en antwoordde :

« Karel, ik wil niet zeggen dat gy geen goede jongen zyt, en dat myne Lisa geenen braven man aen u zou hebben. »

« ô, Baes, om Godswil! » smeekte de jongeling, hem met hoop in de oogen ziende « ontferm u myner! Geef my Lisa tot bruid! Ik zal met kindelyke onderwerping uwen minsten wensch volbrengen : de brouwery verkoopen, op een Hof gaen woonen, den boerenstand verlaten, myn leven veranderen! »

« Het kan niet meer zyn, Karel lief : het is te laet. »

« En als gy zeker wist dat ik ervan sterven zal? »

« Het zou my waerlyk spyt doen; maer ik kan u niet dwingen in het leven te blyven. »

« ô, Gansendonck! » riep de jongeling, met opgeheven handen geknield nederstortende « laet my hopen!
Vermoord my niet! »

De Baes hief hem van den grond op en sprak :

« Maer gy zyt van uw verstand, Karel; ik kan er
niets meer aen doen. Gy kunt denken, hoe verre de
zaken reeds staen ; morgen gaen wy op het Hofken by
mynheer den Baron ter maeltyd; hy geeft een feest ter
eere van Lisa. »

« Zy? Zy, myne Lisa, op het Hof met den Baron?
Oh, gy gaet hare eer verbryzelen, voor altyd, voor
eeuwig. Er is geene enkele vrouw op het Hofken! »

« Zy gaet kennis maken met het jagthuis van haren
toekomenden man. »

« Aldus, geene hoop meer! Voor haer de schande,
voor my het graf! » huilde de brouwer op akeligen toon,
terwyl hy de twee handen zich voor de oogen sloeg en
een tranenvloed hem van de wangen rolde.

« Ik beklaeg u, Karel » sprak de Baes met onverschilligheid. « Lisa zal Mevrouw worden. Het stond
daerboven geschreven en het zal geschieden. »

Hy vatte den droeven Karel zachtjes by den schouder
en duwde hem naer de deur, zeggende :

« Kom, het heeft lang genoeg geduerd en het helpt
er toch niet aen. Ga nu maer naer huis...... en geene
woorden meer met Lisa, hoort gy! »

Karel liet zich gedwee en sprakeloos voortstuwen. Zyn hoofd hing slap voorover; de tranen vielen uit zyne oogen op den grond. In de kamer tredende waer Lisa zich bevond, wierp hy, als een eeuwig vaerwel, nog eenen stervenden blik op haer......

Het meisje, dat reeds zoo lang met diepen angst op de verwarde klanken geluisterd had, die daer binnen in de geslotene kamer hadden gegalmd, stond bevend te wachten dat de deure zich opende.

Daer verscheen nu haer minnaer voor haer : weenend en stom als een onschuldig slagtoffer dat de dood te gemoet gaet! Een luide schreeuw vloog op uit hare borst; zy sprong den jongeling toe en hing zich krytend aen zynen hals, hem met angstig geweld van de deur weg-rukkende. Karel zag lydzaem op haer neêr en grimlachte zoo droef, dat die akelige lach eenen nieuwen gil uit de borst van Lisa deed ontspringen.

Baes Gansendonck maekte, onder dreigende woorden, de armen zyner dochter van Karel los, duwde den jonge-ling de herberg uit en sloeg de deur achter hem toe.

VI.

Wie verwaend is ende zot
Dient zichzelven maer tot spot.

Baes Gansendonck liep als een dwaes over en weder in zyne kamer, trok den spiegel voorover om zich de beenen te kunnen zien en wandelde achterwaerts en voorwaerts, onder het mompelen van allerlei kreten van bewondering. Hy stond in zyne hemds-mouwen en had eene splenternieuwe broek met *souspieds* aen. Op eenen stoel, by den muer, lagen een paer gele handschoenen, eene witte *gilet* en een kanten *jabot*.

De knecht stond in het midden der kamer met eenen platgestreken witten halsdoek op den arm. Hy aenzag den Baes met lydzaem gelaet; slechts van tyd tot tyd

verscheen op zynen mond een byna onzigtbare grimlach van medelyden of van ontevredenheid.

« Welnu, Kobe » sprak de Baes met losse blydschap
« wat zegt gy ? Gaet ze niet goed ? »

« Daer ken ik niets van, Baes » antwoordde Kobe als
verstoord.

« Gy kunt toch wel zien, of het my goed of slecht
staet ? »

« Ik zie u liever zonder riemkens aen uwe broek, Baes ;
uwe beenen zyn zoo styf als bezemstokken. »

Met verwondering hoorde Gansendonck deze stoute
bemerking ; hy wierp eenen woedenden oogslag op den
knecht en riep :

« Wat beteekent dit ? Gy begint gelyk ook al uwe
horens omhoog te steken ! Of meent gy dat ik u betael
en te eten geef, om my dingen te zeggen die my niet
aenstaen ? Kom, laet eens hooren ! Staet ze my goed
ofte niet ? »

« Ja, Baes. »

« Wat, ja, Baes ? » schreeuwde Gansendonck stampvoetend. « Staet ze me goed ofte niet, vraeg ik u ? »

« Ze kan u niet beter staen, Baes. »

« Ah, gy zyt koppig ? Zoudt gy geerne uwe rekening
hebben en eenen anderen dienst moeten zoeken ? Of hebt
gy het hier niet goed genoeg, luijerik ? Gy wenscht
misschien nog beter brood dan tarwenbrood ? Zoo geraekt

men van de klaver naer de biezen ; maer het is wel waer wat het spreekwoord zegt : geef eenen ezel haver hy loopt tot de distels. »

Kobe sprak smeekend, met gemaekten of met waren angst :

« Och, Baes, ik heb zulke pyn in mynen buik ! Ik weet niet wat ik zeg : gy moet het my vergeven : uwe broek staet u zoo schoon alsof zy aen uwe beenen geschilderd ware. »

« Zoo, gy hebt pyn in het lyf ? » vroeg de Baes met belangstelling « open ginder dat kasken en schenk u eenen teug alsem. Bitter in den mond maekt het hart gezond. »

« Ja, Baes; gy zyt wel goed, Baes » antwoordde Kobe naer het kasken gaende.

« Geef my mynen halsdoek » zegde de Baes « voor- zigtig, dat gy hem niet verkrookt ! »

Terwyl hy voortging met zich te kleeden en op te schikken, sprak hy half droomend :

« Eh, Kobe, wat zullen de boeren staen gapen, als zy my zullen zien voorbygaen met eene witte ondervest, met eenen kanten *jabot* en gele handschoenen ! God weet, hebben zy het in hun leven nog gezien ! Ik had met slimheid aen mynheer van Bruinkasteel gevraegd, hoe de heeren, die hunne wereld kennen, zich kleeden als zy uit eten gaen; en op vier dagen hebben ze my dat daer

in de stad aeneengeflikt. Met geld kan men meer dan
tooveren, men doet er mirakels mede. En Lisa zal de
lieden geen klein beetje de oogen uitsteken, met de zes
kragen van onder aen haer zyden kleed ! »

« Zes *volants*, Baes? De mevrouw van het Kasteel draegt
er maer vyf aen haer kleed, en dan moet het nog al
Zondag zyn ! »

« Als Lisa myne goesting wilde doen, zy droeg er wel
tien : die het lang heeft laet het lang hangen; en die het
kan betalen mag het koopen. Gy zult haer eens op zyn echt
mevrouwsch voor den boer zien komen, Kobe; met eenen
satynen hoed, waerop bloemen hangen gelyk er des
winters op het Kasteel bloeijen. »

« Camelias, Baes? »

« Ja, Camelias. — Denk eens na, Kobe; daer hadden ze
my in de stad nagemaekte koornaren en boekweitbloemen
op den hoed van Lisa gedaen ! Maer ik heb er dat boe-
rengetuig wat gauw doen afsleuren. — Geef my myne
gilet; — maer komt er met uwe handen niet aen! »

« Dat is eene kunst die ik niet geleerd heb, Baes. »

« Lomperik, ik wil zeggen dat gy ze met den hand-
doek opnemen zoudt. »

« Ja, Baes. »

« Zeg, Kobe, ziet gy my daer op het Hof aen tafel
zitten ? Lisa tusschen my en mynheer den Baron? Hoort
gy ons daer komplimenten maken en schoone dingen

zeggen ? Van alle vreemde soorten van wynen drinken en Wild eten dat gereed gemaekt is met sausen, waer de duivel de namen niet van onthouden zou ? In vergulde schotels met zilveren lepels ! »

« Och, Baes, zwyg als het u belieft ; ik kryg er den geeuwhonger van ! »

« Er is wel reden toe, Kobe; maer ik wil alleen niet gelukkig zyn : er staet nog een halve haes van gisteren, dien moogt gy opknabbelen; en drink er maer een paer kannen gerstenbier by. »

« Veel goedheid, Baes. »

« En kom dan in den namiddag op het Hofken eens zien, of ik u niets te gebieden hebbe. »

« Ja, Baes. »

« Maer zeg eens, Kobe, zou Lisa reeds gekleed zyn ? »

« Ik weet het niet, Baes; daer straks, toen ik om versch regenwater ging, zat zy nog by de tafel. »

« En wat kleed had zy aen ? »

« Haer gewoon zondagskleed, geloof ik, Baes. »

« Heeft zy u niet gezegd, dat ik gisteren den brouwer aen de deur heb gezet ? »

« Ik heb gezien dat zy diep bedrukt is, Baes; maer ik vraeg niet naer dingen die my niet raken : hy is dwaes die zich brandt aen een andermans ketel. »

« Gy hebt gelyk, Kobe; maer ik ben toch meester van er met u over te spreken als ik wil. Zoudt gy kunnen

gelooven, dat zy nog zoo veel voor dien dwazen Karel over
heeft, dat zy weigerde op het Hofken uit eten te gaen,
omdat zy den sukkelaer tranen had zien storten toen hy
uitging ? Heb ik met myne eigene dochter den ganschen
avond niet moeten kyven om haer hoofd te breken ! »

« En heeft zy dan eindelyk gezegd dat zy mede zou
gaen, Baes ? »

« Wat ? Zy heeft er niets aen te zeggen ! Ik ben
meester ! »

« Dat is zeker, Baes. »

« Heeft zy zelfs de stoutheid niet gehad, my te zeggen
dat zy met den Baron niet trouwen wil ! »

« Zoo ! »

« Ja, en dat zy haer leven lang ongetrouwd zal blyven
indien zy dien lompen Karel niet tot bruidegom krygt!
Zy zou er al schoon zitten in die vuile brouwery, met een
spinnewiel by den koeketel. — En als zy dan al eens naer
de stad wilde ryden, kon zy op den bierwagen kruipen,
niet waer, Kobe ? »

« Ja, Baes. »

« Kom, geef my nu myne handschoenen; ik ben
gereed ! Nu eens naer Lisa uitgezien ; misschien zal die
nog wat grillen verkoopen. Gisteren avond ten minste,
kon zy nog geene kennis krygen met de zes kragen die
aen haer nieuw kleed hangen. Lief of leed, zy zal haer
kleeden gelyk ik denk dat het betaemt ! »

Lisa zat in de voorkamer by het venster. Eene diepe droefheid stond op haer gelaet geprent; zy hield eene naelde in de eene hand, en een borduerwerk in de andere; maer hare gedachten waren wel verre weg, want zy zat roerloos en arbeidde niet.

« Wat is dit? » riep Baes Gansendonck met gramschap « ik ben opgekleed van het hoofd tot de voeten, en gy zit daer nog alsof er niets gebeuren moest. »

« Ik ben gereed, Vader » antwoordde Lisa met lydzame gelatenheid.

« Vader? Vader? Gy wilt my weêr uit myn vel doen springen ! »

« Ik ben gereed, Papa » herhaelde het meisje.

« Sta eens op » sprak Baes Gansendonck met stuersch gelaet « wat kleed hebt gy daer aen ? »

« Myn zondagskleed, Papa. »

« Eens wat gauw uw nieuw kleed aen ! En den hoed met bloemen opgezet ! »

Lisa boog het hoofd en antwoordde niet.

« Hoe langer hoe schooner ! » schreeuwde Baes Gansendonck. « Gaet gy spreken ofte niet ? »

« Ach, Papa » smeekte Lisa « dwing my niet. Het kleed en de hoed zyn buiten onzen staet; ik durf er niet mede door het dorp gaen. Gy wilt dat ik u naer het Hofken volge, alhoewel ik u op de kniën gebeden heb my te huis te laten. Welnu, ik zal het doen; maer, om Godswil, laet my in myne zondagsche kleederen gaen. »

« Met eene muts, met eenen enkelen kraeg onder aen uw kleed! » spotte Baes Gansendonck « gy zoudt er fraei uitzien, aen eene tafel met vergulde schotels en zilveren lepels! Kom, kom, zoo vele woorden niet : uw nieuw kleed aen en den hoed op, ik wil het! »

« Gy moogt doen wat u goeddunkt, Papa » zuchtte Lisa, het hoofd mistroostig latende zinken « gy moogt my bestraffen, my bekyven; ik doe het nieuw kleed niet aen, ik draeg den hoed niet...... »

Uit den hoek van den haerd knikte Kobe met het hoofd om de maegd in haren tegenstand aen te moedigen.

De Baes keerde zich tot den knecht en vroeg woedend :

« Welnu, wat zegt gy van eene dochter die haren vader zoo durft toespreken ? »

« Zy zou kunnen gelyk hebben, Baes. »

« Hoe zegt gy daer ? Gy ook ? Hebt gy malkander verstaen om my van gramschap te doen barsten ? Ik zal u leeren, gy ondankbare lomperik : morgen vertrekt gy van hier ! »

« Maer, Baes lief, gy verstaet my niet » antwoordde Kobe met geveinsde bevreesdheid « ik wil zeggen dat Lisa gelyk zou kunnen hebben als zy geen ongelyk had. »

« Ah! spreek dan een ander mael wat klaerder! »

« Ja, Baes. »

« En gy, Lisa, haest gemaekt! Het moge u lief of leed zyn, gy zult my gehoorzamen, al moest ik het kleed met geweld aen uw lyf trekken. »

Het meisje borst in tranen los. Haer vader moest daerover nog meer ontevreden zyn; want hy morde hevig in zichzelven en stampte de stoelen met toorn door elkander.

« Nog beter! » schreeuwde hy schertsend « kryscht een uer of twee, Lisa : dan zult gy eens regt fraei eruit zien met een paer roode oogen gelyk een wit konyn! Ik wil niet hebben dat gy tranen stortet; het is eene treek omdat wy wel zouden moeten te huis blyven. »

Maer het meisje bleef sprakeloos weenen.

« Kom aen » zegde de Baes met pynelyk ongeduld « als het anders niet kan zyn, kleed u gelyk gy wilt, maer schei uit met kryschen. Om Godswil, Lisa, spoed u! »

De maegd verliet haren stoel en klom zonder spreken den trap op om zich tot het bezoek op het Hofken te bereiden.

Even was zy uit de kamer verdwenen, of mynheer van Bruinkasteel trad de afspanning binnen, tot den Baes zeggende :

« Waer blyft gy zoo lang, mynheer Gansendonck? Ik was ongerust dat er hier iets gebeurd mogt zyn. Wy hebben u reeds van over een uer verwacht. »

« Het is de schuld van Lisa » antwoordde de Baes
« ik had haer een schoon nieuw kleed en eenen satynen
hoed doen maken; maer ik weet niet wat haer in het
hoofd steekt : zy wil geene nieuwe kleederen aendoen. »

« Zy heeft gelyk, mynheer Gansendonck; zy is
immers altyd bevallig genoeg ? »

« Schoone kleederen doen er toch geen kwaed aen,
mynheer Victor. »

Lisa kwam beneden en groette den Baron met stille
beleefdheid. Hare oogen getuigden van hare droefheid,
en het was ligt te zien dat zy had geweend. Zy droeg
haer gewoon zyden kleed met eenen enkelen *volant;*
en eene kantenmuts, van vorm als degene die men in de
stad draegt en welke men *kornetten* noemt.

Met inzigt stak zy haren arm aen den arm haers vaders
en wilde hem ter deure uitleiden; maer de Baes liet haer
los en week van haer weg, als wilde hy den Baron uitnoo-
digen om zyner dochter leidsman te zyn.

Mynheer Victor scheen het niet te merken; misschien
dat hy het voor Lisa en voor zichzelven niet betamelyk
achtte, arm aen arm door het dorp te wandelen.

Na eenige pligtplegingen, om te weten wie eerst de
deure zou uitgaen, verliet men de afspanning. De Baes
maekte van den nood eene deugd en stapte met zyne
dochter voort. Onderwege zegde hy bitzig :

« Ziet gy nu wel, koppig meisken ? Haddet gy uw

schoon kleed aengedaen en uwen hoed met bloemen opgezet, dan had de Baron u den arm gegeven. Nu wil hy niet : gy zyt te gemein gekleed. Dat komt ervan ! »

Zy moesten voorby de brouwery. Daer, achter den muer der stalling, zag het meisje den bedrukten Karel staen, die met de armen op de borst gekruist en met neêrhangend hoofd, haer lydend in de oogen schouwde, zonder gramschap noch verwondering te toonen. Afgematheid, moedeloosheid en stille wanhoop stonden alleen in zyne stervende blikken te lezen.

Lisa liet eenen schreeuw van verrassing, rukte zich los van den arm haers vaders en liep tot Karel, wiens beide handen zy bevend aengreep, onder verwarde uitroepingen van troost en van zoete genegenheid.

Baes Gansendonck naderde de beide gelieven, bezag den brouwer met woede en rukte zyne dochter van hem weg.

Lisa ging sprakeloos en vol bittere gedachten naer het Hofken van mynheer van Bruinkasteel.

VII.

Hoogmoed is de bron van alle kwaed.

In den laten namiddig stond Karel tusschen hooggewassen schaerhout, met den rug tegen eenen berken stam leunend.

Daer, voor hem, aen de andere zyde der gracht, lag het jagthof van mynheer van Bruinkasteel.

Reeds lang bevond zich de jongeling op deze eenzame plaets; hy wist zelf niet, hoe en waerom hy er gekomen was. Terwyl hy met ysselyke droomen in het hoofd, onachtzaem door de velden dwaelde, had zyn hart hem herwaerts gevoerd om hem nog bitterder gal te doen drinken. Daer stond hy nu, als een gevoelloos beeld, met de halsstarrige oogen op de wooning des Barons gevestigd, en slechts van tyd tot tyd het leven

verradend door eenen akeligen grimlach, of door eene
krampachtige siddering des lichaems. Zyne ziel lag op de
pynbank : met zyne gefolterde inbeelding drong hy door
den muer, waerachter Lisa zich bevinden moest; hy zag
haer aen de zyde des Barons zitten, hy hoorde liefdever-
klaringen en verleidende vleijeryen, hy verraste wulpsche
lonken en zag hoe Baes Gansendonck geweld deed om de
kuischheid zyner dochter te onderdrukken, en dan......
dan wist de zwakke Lisa niet wat doen, — zy liet den
Baron haer de hand aengrypen, haer bezien met den
besmettenden oogslag der laffe minnejankery !

Arme Karel ! zoo stak hy in zyn eigen hart talryke
wonden en dwong zyne overspanne inbeelding, wreedelyk
in dezelve te woelen om hem den droesem uit den smart-
kelk te doen smaken.

Na lang in zulke nare droomen gedwaeld en geleden
te hebben, verviel hy in eene soort van slaep des geestes ;
zyne zenuwen ontspanden zich, op zyn gelaet bleef alleen
de rustige uitdrukking der afgematheid, zyn hoofd zonk
hem op de borst, hy blikte met halfgeslotene oogen ter
aerde. Eensklaps drong de klank van eenige verre snaren-
toonen in zyn oor; en, met dezen, de byna onvatbare
galmen eener mannenstem.

Hoe weinig duidelyk dit gezang ook ware, het werkte
geweldig op des jongelings gemoed. In alle zyne leden
bevend en met wraekzucht op het aengezigt, sprong hy

regt als hadde eene slang hem gebeten. Uit zyn oog
straelde een gloeijende blik, zyne tanden waren bloot;
de vingeren kraekten hem in de woelende vuisten ... Hy
kende dit hatelyk gezang, dat ook dezen morgen aen de
ooren van Lisa als eene stem der helle van wulpsche
begeerten had gesproken. Zy brandden nog verteerend op
zyn hart, de besmettende woorden die uit Lisa's mond
den verleider hadden tegengeklonken.

In zyne wanhoop brak de jongeling de eiken twygen
aen stukken en morde met akelig keelgeluid. . . . .

De toonen van het gezang verhieven zich en werden
helderder: het woord *je vous aime !* klom, tot in den eiken-
kant verstaenbaer, uit den gorgel des Barons en was met
zoo veel vuer, met zulk innig gevoel uitgegalmd, dat
het niet anders kon, of het moest regtstreeks tot Lisa
gesproken zyn.

Gansch buiten zichzelven, onbewust van hetgene hy
ging doen, liep Karel door de gracht, beklom den anderen boord en verdween tusschen het dicht gegroeid loof
van een hazelaren boschken, dat zich langs een breed
pad uitstrekte. Zich immer verbergend kroop hy als een
wild gediert door het gebladerte voort, tot dat hy by een
duister loofgewelf naderde. Hier waren twee beuken
hagen op weinig afstand van elkaêr geplant geweest,
en men had door groote zorg derzelver takken tot een
groeijend gewelf te samen overbogen. Ofschoon de laetste

stralen der zonne nog op de eene zyde van dezen loofgang vielen en de doorschynende bladen, als lichtstippen,
tintelend op het diepere groen deden uitlossen, was het
er echter zeer donker in.

De jongeling sloop er dwars door en naderde het huis
en de zael, waer de Baron met zyne gasten zich bevond.

Op dry of vier stappen van een venster dezer zael
grocide een blok syringaboomen, wier bloemen gewis in
de lente de gansche wooning met haren zoeten geur moesten vervullen. — Te midden in het duister syringaloof
stond Karel op en zag uit deze schuilplaets regtstreeks
en vry in de zael.

Ah, hoe klopte hem het hart, hoe bonsde het bloed
hem naer het hoofd! Hy kon alles bespeuren, alles hooren; — want de wyn en de vrolykheid hadden, daer in de
zael, de stemmen helder gemaekt.

Het scheen dat men Lisa tegen haren dank tot iets
dwingen wilde. De Baron trok haer met beleefd geweld
by de hand naer de piano; haer vader duwde haer met minder omzigtigheid voort, en riep half vergramd :

« Lisa, Lisa, gy zult my nog uit myn vel doen springen met uwe eigenzinnigheid ! Wat gy dezen morgen
gedaen hebt kunt gy nog doen. Die heeren verzoeken u
zoo vriendelyk dit liedeken nog eens te zingen, en gy zyt
onbeleefd genoeg om te weigeren ! Gy moet uwe stem
niet wegsteken, meisken ; zy mag gehoord worden. »

De Baron drong op nieuw aen; de Baes gebood met
gramschap; Lisa gehoorzaemde en begon, onder bege-
leiding der piano, met den Baron te zingen, van :

« *Ah, pitié! mon trouble est extrême,*
« *Dites : je vous aime,*
« *Je vous aime!* »

Het syringaloof bewoog zich sidderend als hadde een
windslag het getroffen......
Baes Gansendonck was byna verdwaeld van hoogmoed;
zyn aengezigt blonk en zag rood van zelftevredenheid;
hy wreef zich onophoudend in de handen en sprak zoo
vry, zoo stout en zoo veel, dat een onbekende hem
ongetwyfeld voor den eigenaer van het Hof zou hebben
aenzien. By de piano staende, wiegelde hy het hoofd en
trapte met zyne zware voeten de maet verkeerd op den
geboenden vloer, by poozen tot zyne dochter zeggende :
« Harder! gauwer! Zoo is het goed! Bravo! »
Dat Adolf en zyn makker, ja Victor zelf, met hem
den spot dreven, dit gevoelde hy niet; hy aenzag integendeel hun schertsend lachen voor een bewys van goed-
keuring en van vriendschap.
Nauwelyks was het gezang ten einde, of Adolf, die
voor de piano zat, liet zyne vingeren eene wyl over het
snaertuig loopen en begon dan eenen wals, zoo springend

en zoo wegvoerend van maet en toon, dat de Baes, by
het aenhooren, zich tot dansen voelde aengespoord en
werkelyk zich op de teenen verhief als ginge hy rond de
zael huppelen.

« Dansen! dansen! » riep hy « dit kan onze Lisa dat
men ze wegstelen zou als zy den voet maer verroert!
Kom, Lisa, laet eens zien wat gy in uw pensionnaet
geleerd hebt! »

Het meisje, dat reeds met droefheid zich tot den zang
gedwongen had gezien, wilde zich van de piano verwyderen om ditmael het gebod haers vaders te ontvlugten;
maer hy bragt haer terug naer het midden der zael en
deed een aenmoedigend teeken tot den Baron.

Deze, vol lichtzinnige vrolykheid, sprong toe, sloeg
zyne armen om de lenden der maegd en rukte haer vyf
of zes maten tegen haren dank voort.

Uit het syringaloof klom een dof gebriesch, akelig en
pynelyk als de laetste zucht van eenen stervenden leeuw.
Daer binnen was men te veel bezig om die stem der
smarte aendacht te leenen......

Daer Lisa volstrekt weigerde te dansen en zich onwillig
slepen liet, moest mynheer van Bruinkasteel het insgelyks opgeven. Hy verontschuldigde zich met hoofsche
woorden by het beschaemde meisje; en scheen noch door
hare zigtbare droefheid noch door hare weigering getroffen. De dartele jonker vermaekte zich; waerschynelyk

zag hy in Lisa Gansendonck niets anders dan een
bevallig en onnoozel meisje, dat hem diende om zynen
tyd aengenaem te slyten. Hadde een inniger gevoel hem
tot haer getogen, dan voorzeker zou de koelheid der
maegd hem nu verstoord of bedroefd hebben; maer hy
scheen er zelfs niet de minste acht op te slaen. Met
zwierige buiging bood hy zynen arm aen Lisa, die hem
nu niet weigeren durfde, en riep tot de anderen :

« Komt aen, wy gaen eene avondwandeling in den
tuin doen tot dat de lichten hier ontsteken zyn! Neemt
het niet kwalyk, vrienden, dat ik de *cavalier* van jufvrouw Lisa zy. »

Allen stapten den arduinen trap af en wendden zich
naer het loofrykste gedeelte des tuins. Vele paden boden
zich voor hen aen. De Baron leidde Lisa nevens een
park van dahliabloemen; Adolf en zyn makker sloegen
welhaest eenen anderen weg in. Met verbaesdheid en met
zekeren angst zag de maegd dat haer vader zich insgelyks
van haer verwyderde; zy wierp eenen biddenden blik op
hem en wilde den Baron verlaten; maer Baes Gansendonck gebood met geveinsden toorn, dat zy haren leider
volgen zou, en liep welhaest lachend tot Adolf alsof hy
iets wonderschoons gedaen had. Lisa beefde; haer maegdelyk geweten riep luid dat zy misdeed met zoo alleen,
arm aen arm, met den Baron door de eenzame dreven te
wandelen; maer hy zegde haer toch niets onbetamelyks;

en ginder ten einde der dreef zou zy immers haren
vader weder ontmoeten. — Zou het niet eene grove
onbeleefdheid zyn, den Baron te laten staen en van hem
weg te loopen gelyk eene boerinne?

In deze gedachten volgde zy den jonker lydzaem en
hem slechts enkele verstrooide gezegden tot antwoord
schenkende.

Eene wyle tyds daerna verdwenen allen in de kronkel-
paden des tuins, tusschen de lommerryke boschkens.

De ongelukkige Karel had de koorts in het hoofd en
leed onzeggelyke martelpynen. Reeds twintigmael had
de gloeijende wraekzucht, die in zynen boezem brandde,
hem aengedreven om uit het syringaloof te springen en
den verleider te verpletteren; maer dan ontstond telkens
het beeld zyner oude moeder biddend voor zyn oog; en
hy, over en weder gerukt tusschen de aenhitsende wraekzucht en het waerschuwend gevoel der kindelyke liefde,
huilde in zyn binnenste van pyn en wanhoop. Met zulke
razerny stond hy tusschen het syringaloof te hygen, dat
de gloeijende adem zyne opgespannen neusgaten zengde.

Eensklaps herklonk weder op eenige stappen van hem
de streelende stem des Barons. Hy zag Lisa met stil en
droef gelaet aen zynen arm voortstappen; beide wandelden
in het pad dat hen by den syringabosch, en verder onder
den duisteren loofgang, leiden moest.

Op een paer stappen voorby de plaets, van waer Karel,

met teruggehouden adem en in angstige afwachting, hunne minste bewegingen afspiedde, bemerkte Lisa eerst het bladergewelf, dat haer zynen donkeren ingang aenbood. Zy smeekte den Baron dat hy met haer terug naer haren Vader zou keeren; en toen deze haren arm vaster hield en, met hare vrees spottend, haer aenspoorde om onder het gewelf door te gaen, begon zy als een riet te beven en verbleekte van benauwdheid. De jonker scheen op hare onsteltenis geene acht te slaen, of meende misschien dat het eene geveinsde vervaerdheid was. Hoe het zy, hy wilde haer met schertsend geweld naer den loovergang rukken en gelukte er eenigzins in.

« Vader! Vader! » galmde Lisa met eenen snydenden angstschreeuw.

Even ras ontsprong een andere nog veel akeligere schreeuw uit hare borst......

Maer vooraleer zy een enkel woord kon uiten, vielen twee magtige handen op de schouders des Barons en wierpen hem, met eenen enkelen ruk, dry of vier stappen verder in het zand.

Woedend rigtte de Baron zich op; hy trok eene steunlat van eenen dahliaplant weg, en kwam er mede naer Karel geloopen, die met den lach der verdwaeldheid en der wraekzucht op het gelaet, hem verwachtte. Het gelukte den Baron den jongeling zoodanig op het hoofd te treffen dat bloed hem langs de wangen sprong; — maer dit was

het sein eener razende worsteling. Karel greep zynen
vyand in de lenden, hief hem in de hoogte en smeet hem
als een steen tegen den grond. Niettemin, de Baron sprong
weder regt en bood den sterkeren jongeling zoo lang tegenstand, tot dat deze hem, op het pad uitgestrekt, onder
zyne knie neêrgedrukt hield en hem met zyne zware
vuisten hoofd en aengezigt deerlyk kneusde en te bloede
sloeg.

Lisa was een oogenblik kermende blyven staen, tot dat
het eerste bloed haer oog had getroffen; dan had zy
huilend de vlugt genomen en was een eind verder op het
gras zonder gevoel neêrgestort.

Haer hulpgeschreeuw had eventwel de andere wande-
lende gasten en zelfs de dienstboden getroffen en met
schrik vervuld. Allen kwamen nu ook langs verschillende
paden toegeloopen en rukten den jongeling van het lichaem
des Barons weg.

Adolf gebood de knechts dat zy den brouwer vast-
grypen zouden; dezen waren wel met vyf of zes aen zyn
lyf en hielden hem by de armen, terwyl hy, als verdwaeld
en lachend, zag hoe hy zynen vyand bejegend had.

Baes Gansendonck was tot zyne dochter geloopen en
trok zich van wanhoop de hairen uit het hoofd, in de
schrikkelyke meening dat zyn kind vermoord was.

Adolf en zyn makker hielpen mynheer van Bruinkasteel
te been. De Baron was fel gekneusd op aengezigt en

lichaem. Eventwel, ontvlamde zyne gramschap hevig en
vond hy nog kracht toen hy den brouwer zag staen.

« Schelm » riep hy « ik zou u door myne knechts
tot der dood toe kunnen doen geesselen; maer het
schavot zal my wreken over eenen sluipmoordenaer. Men
sluite hem in den kelder; en gy, Steven, loop en hael de
gendarmen ! »

De knechts, om het bevel huns meesters te volbrengen,
wilden den jongeling voortsleuren; maer hy, dan eerst
merkende wat men met hem voor had, rukte zyne armen
los, wierp dengenen die voor hem stond achterover in
het syringaloof, liep onvolgbaer door het water en verdween uit aller gezigt achter den hoek van een mastbosch.

VIII.

Stille waters hebben diepe gronden.

Des anderendaegs 's morgens zat Lisa in eene nevenkamer van den *St Sebastiaen*, achter de neteldoeken schermen eener venster. De uiterste bleekheid haers aengezigts en de roodheid harer ogen getuigden dat zy uitgeput was van weenen.

Hoe zeer Lisa ook door· smart scheen afgemat, haer gelaet eventwel verried eene onrustige spanning des gemoeds en bewoog zich stuiptrekkend, onder den indruk van geheime aendoeningen. Men zou gezegd hebben dat een diepe schrik, eene angstige afwachting haer het hart beklemde; want by poozen legde zy het oog bevend achter de schermen der ruiten en staerde met zigtbare benauwdheid op de straet, tot dat eenig

voorbyganger hare wooning scheen te aenschouwen.
Ofschoon men haer van buiten niet kon zien, trok zy
dan het hoofd terug; de schaemte kleurde hare wangen
met een hevig rood, zy sloeg de oogen nederwaerts als
ontvlugtte zy de beschuldigende blikken der lieden, en
bleef dus eene lange wyl in de grootste stilte zitten, om
daerna weder met aengejaegde nieuwsgierigheid en met
angst op de straet te zien.

Wat mogt zy dan verwachten? Zy wist het zelve niet;
maer haer geweten knaegde als een worm aen haer hart :
het beeld van Karel zweefde voor haer oog en riep luid,
dat zy de schuld was van alle de martelpynen die zyn
liefderyk gemoed hadden gefolterd; zy hoorde in hare
verschrikte inbeelding wat de dorpelingen van haer zeg-
den en besefte nu eerst ten volle dat haer goede naem
verloren was, en Karel zelf met regt haer zou verstooten.
Daerom deden de blikken der voorbygangers haer beven
en blozen; want zy zag op hun gelaet, dat zy over het
voorval van gisteren spraken en dat spot, mispryzen en
gramschap hunne woorden vergezelden. Ja, zy had eenige
boeren de dreigende vuisten naer de afspanning zien
uitsteken, als hadden zy plegtiglyk gezworen, wraek te
nemen over de schande hun dorp door de Gansendoncks
aengedaen.

Terwyl Lisa in de nevenkamer den bitteren kelk der
schaemte en der wroeging met langzame teugen dronk,

zat Kobe even stil en eenzaem in de herberg by den haerd.

Hy hield zyne pyp in de hand doch rookte niet; diepe overwegingen, droeve gedachten schenen hem te hebben weggerukt. Eéne gansch andere dan de gewoone uitdrukking stond op zyn gelaet; er was iets bitters op te lezen, iets verwytend, iets trotsch zelfs. Zyne lippen verroerden zich alsof hy hadde gesproken en zyne oogen blonken by poozen met het vuer der gramschap.

Eensklaps meende hy de stem van Baes Gansendonck te vernemen; een lach van medelyden betrok zynen mond, doch even spoedig verdween dit teeken der aendoening, en er bleef op zyn aengezigt niets meer merkbaer dan bitterheid en verdriet.

Naermate de Baes de achterdeur der afspanning naderde, hoorde de knecht hoe hy bulderend en scheldend, uitvaerde tegen persoonen die hem moesten gehoond hebben; maer Kobe kon nog niet verstaen, tegen wien of tegen wat de Baes in het harnas was gejacgd. Het scheen hem in alle geval zeer onverschillig te zyn, want hy verroerde zich niet en bleef wachtend onder den schouwmantel zitten.

Daer kwam de Baes plotselings in de herberg gevallen, stampend met de voeten gelyk een dolle en slaende met zyne gaffel tegen de stoelen als hadden dezen hem ook al misdaen.

« Dit gaet te verre, ja, zeker te verre! » riep hy « een

man als ik! Wat, zy zullen my op de stract met vuisten
dreigen, my naroepen, my uitjouwen, my uitmaken
voor eenen schelm, voor eenen ezel! Denk eens, Kobe,
moeten zy niet van den duivel bezeten zyn? De lompe
boeren uit de smis loopen my na en roepen : schandael !
schandael ! Hadde ik het niet gelaten om myne handen
aen dit gespuis niet vuil te maken, my dunkt ik had er
dry of vier met myne gaffel den kop ingeslagen. Maer Sus
zal het voor alle die schobejakken te gelyk betalen ! Ik
zal hem leeren Baes Gansendonck met slyk werpen !
Wy zullen eens zien, hoe het zal vergaen. Al moest ik de
helft van myn goed verliezen, hy zal het schrikkelyk
bekoopen. De gendarmen zullen er tusschen komen ; en
als er nog iemand maer een leelyk gezigt tegen my durft
trekken, zal ik het half dorp voor den Tribunael doen
verschynen ! Ik heb er geld genoeg toe ; en mynheer van
Bruinkasteel, die een vriend van den Procureur des Ko-
nings is, zal hen wel voor eenige maenden op het droog
krygen. Dan zullen ze staen zien ; dan zullen ze weten
met wien zy te doen hebben, die onbeschofte lompaerds.
Er moest een einde aen komen ; en vermits zy my zoo
onbeschaemd hebben getergd, zal ik ook onbarmhartig
zyn en hun doen gevoelen wat Baes Gansendonck vermag!
Neen, het is gedaen, geene genade meer ! »

Ongetwyfeld zou de woedende Baes nog lang op dien
toon geraesd en gescholden hebben, zoo de adem hem

daertoe niet hadde ontbroken. Hygend liet hy zich op eenen stoel nedervallen en aenzag met grammoedige verwondering den knecht, die met de grootste onverschilligheid in het vuer blikte alsof hy niets hadde gehoord : droefheid alleen kon men op zyn gelaet bespeuren.

« Wat zit gy daer weder te suffen, gelyk iemand die geene dry kan tellen ? Het lui leven bederft u, Kobe; ik weet niet, maer gy wordt zoo laf en zoo vadsig als een zwyn. Dit bevalt my niet : ik wil hebben dat myn knecht vinnig zy en zoo koel niet blyve als ik kwaed ben. »

Kobe aenzag zynen meester met eenen pynelyken blik des medelydens.

« Ah, gy hebt weêr pyn in den buik ! » riep de Baes « dit begint my niet weinig te vervelen; of meent gy dat de St Sebastiaen een gasthuis is ? Ik wil niet dat gy pyn in den buik hebbe ! Dan moet gy maer wat minder eten, begeerlyke slokop dat gy zyt ! Sa, gaet gy spreken ofte niet ? »

« Ik zou geerne genoeg spreken » antwoordde Kobe « als ik niet wist dat gy by het eerste woord my den mond zult sluiten, om volgens uwe gewoonte uit te vallen en de lange litanie te zingen. »

« Wat toon neemt gy ! Zeg maer regt uit dat ik een babbelaer ben : houd u niet in, Kobe; zy zitten Baes Gansendonck toch altemael op het lyf. Waerom zoudt gy ook

al geene steenen werpen naer dengenen die u te eten
geeft ? »

« Ziet gy wel ? » sprak Kobe met droeven lach « ik
heb zes woorden gewaegd en gy zit al schreilings op uw
peerd ! Ik zal my wel wachten van u een scheldwoord te
zeggen, doch beken met my, Baes, dat het al eene rappe
spinnekop zou zyn die voor uwen mond een web zou
weven...... »

« Ik ben meester; ik mag zoo lang alleen spreken als
ik wil. »

« Inderdaed, Baes; laet my dan zwygen, al moest ik
erin verstikken. »

« Zwygen ? Neen, ik wil niet; gy zult spreken : ik ben
nieuwsgierig om te weten wat goeds er uit zulken domkop
komen kan. »

« Stille waterkens hebben diepe gronden, Baes. »

« Nu laet hooren; maer spreek niet te lang. En vergeet
bovenal niet, dat ik mynen knecht niet betael om door
hem geleerd te worden. »

« Er is een spreekwoord, Baes, dat zegt : de wyze man
gaet by den zot te raden en vindt er de waerheid. »

« Welnu, zeg op dan wat de zot den wyzen man te
raden heeft ! Als gy zoo redelyk wilt blyven spreken zal ik
u wel een beetje aenhooren. »

De knecht wendde zich met den stoel naer zynen meester
en sprak in eene gansch stoute en vrye houding :

« Baes, er gebeuren hier sedert twee maenden dingen, die zelfs een domme knecht niet kan aenzien zonder dat het bloed hem van ongeduld somwylen aen het koken ga. »

« Ik geloof het wel, maer het zal niet lang duren, Kobe : de Gendarmen worden niet betaeld om vliegen te vangen. »

« Wat my betreft, Baes, ik ben een luijerik, ik beken het; maer het hart is eventwel nog goed. Ik zou al veel doen om ons braef Liesken van een ongeluk te redden, indien ik er de magt toe hadde; en ik vergeet ook niet, Baes, dat gy, tusschen al uwe opvliegendheid, toch goed voor my zyt. »

« Het is waer, Kobe » zegde de Baes getroffen « ik hoor met vermaek dat gy my dankbaer zyt; maer waer wilt gy toch met dien ernst naer toe? »

« Doe my den wagen voor de peerden niet spannen, Baes : ik zal gauw genoeg aen het pynelyk koordeken trekken. »

« Maek het kort, of ik loop ten huize uit; gy zoudt my doen versmachten met uw talmen ! »

« Welaen, luister dan slechts een oogenblik. Lisa was sedert lang ten huwelyk beloofd aen Karel, die een goede jongen is, al heeft hy eene onvoorzigtigheid begaen...... »

« Goede jongen? » schreeuwde de Baes. « Hoe ! gy heet hem goede jongen, dengenen die als een moordenaer mynheer van Bruinkasteel op zyn eigen Hof aenviel en te pletteren sloeg ? »

« Het beste peerd stronkelt al eens. »

« Ah, dit noemt gy stronkelen ? Hy is een goede jongen ? Dit woord zal u slecht bekomen. Uw wittebrood is op : nog heden zult gy van hier vertrekken ? »

« Myn pak is reeds gemaekt, Baes » antwoordde Kobe met koelheid « maer vooraleer ik van hier ga, zult gy hooren wat my op het hart ligt. Gy zult het hooren, al moest ik u naloopen in het veld, op de straet of op uwe kamer. Het is myne pligt en de eenige dank dien ik u bewyzen kan. Dat gy my doorzenden wilt verwondert my niet : wie de waerheid zegt wordt nergens geherbergd. »

Baes Gansendonck trappelde van ongeduld met de voeten, doch zegde niets meer; de ernstige en onverschrokken toon zyns knechts verbaesde en beheerschte hem.

« Onze Lisa » ging Kobe voort « zou met Karel gelukkig geweest zyn; maer gy, Baes, gy hebt den vos by uwe ganzen gebragt; eenen lichtzinnigen jonker in uw huis gelokt, hem aengespoord om de ooren van uw kind vol ydelen klap te blazen, haer te spreken van eene geveinsde liefde en haer dingen voor te zingen die stryden tegen alle eerbaerheid...... »

« Dit is niet waer ! » morde de Baes.

« Gy hebt gewild dat hy in het Fransch tot uwe dochter

sprake. Kondet gy dan weten wat hy zegde, daer gy geen woord Fransch verstaet? »

« En gy, lomperik, verstaet gy het wel, dat gy er zoo stout over oordeelen durft ? »

« Ik versta er genoeg van, Baes, om te hebben kunnen begrypen dat de duivel der wulpschheid en der spotterny in het spel was. Wat is het gevolg uwer onvoorzigtigheid geweest ? Wil ik het u zeggen ? De eer uwer dochter is geschonden, zoo niet metterdaed, dan toch genoegzaem in het gedacht der lieden, om nooit meer in hare volle zuiverheid te kunnen worden hersteld ; Karel, de eenige man die haer opregt beminde en gelukkig maken zou, verkwynt en teert uit van wanhoop ; zyne moeder ligt te bed van verdriet over het lyden van haer eenig kind; gy, Baes, gy wordt gehaet en misprezen door iedereen. Men zegt dat gy de schuld zult zyn van Karel's dood, van uwer dochter schande, van uw eigen ongeluk. »

« Ja, als men den hond geerne dood zou zien dan roept men dat hy razend is; maer zy hebben er niets mede te stellen! » schreeuwde de Baes in gramschap « het raekt hen niet; ik doe wat ik wil! En gy, onbeschaemde, gy zult ook weten waerom gy uwen neus tusschen dingen steekt die u niet aengaen. »

« Het is my gansch hetzelfde hoe myne woorden u bevallen, Baes » antwoordde Kobe « het zyn toch de laetsten die ik in den *St Sebastiaen* spreken zal. »

Het moest zyn, dat Baes Gansendonck, ondanks zyne bedreigingen, oneindig veel van zynen knecht hield en hem niet geerne zou hebben zien vertrekken; want telkens dat deze met volle koelheid aenkondigde, dat hy voornemens was zynen dienst te verlaten, viel de gramschap van den Baes neder en leende hy, als met toegevendheid, het oor om den knecht te laten spreken. — Kobe hernam :

« Wat kan er nu van komen? Zou men met het spreekwoord hier moeten zeggen : zoo lang gaet de kruik te water dat zy barst? Neen, de ingeboren kuischheid uwer dochter zal u behoeden voor grootere schande ; — maer de Baron zal het gezelschap van Lisa moede worden en een ander tydverdryf zoeken. Lisa zal blyven zitten en gevlugt worden door al wie het regt meent; de lieden zullen u bespotten en zich verblyden in uwe schaemte. . . . . . »

« Maer, Kobe, wie kan zich voegen naer elks genoegen? Die aen de straet bouwt heeft vele berispers. Ik begryp uwe dwaesheid niet; of weet gy niet wat er op handen is? De Baron zal met Lisa trouwen. Daer valt niet aen te twyfelen; het is immers zigtbaer genoeg? En dan zullen de vuiltongen uit het dorp, en gy erby, staen staroogen gelyk een hoop uilen in de zon. Ja, als ik daer niet zeker van was, zou er al iets op te zeggen vallen; maer dan zou men er zich nog niet mede te bemoeijen hebben. Ik ben meester in myn huis! »

« Zoo! de Baron gaet trouwen met Lisa? Dan is alles wel en gy moogt een schoon pluimken op uwen hoed steken, Baes; maer *meinen* en *missen* beginnen met dezelfde letter. Mag ik u eens iets vragen, Baes? »

« Welnu? »

« Heeft de Baron u van dit huwelyk gesproken? »

« Dat is niet noodig. »

« Ah! Hebt gy hem misschien over zyne inzigten ondervraegd? »

« Dat is ook niet noodig. »

« Heeft de Baron dan met Lisa ervan gesproken? »

« Wat kinderachtigheid is dit nu, Kobe? Hy zal zeker Lisa's toestemming vragen zonder dat hy wete, of ik, die alleen meester ben, het huwelyk wil toestaen? Dat gaet zoo niet! »

« Neen? Maer de Baron heeft den spot met u en uwe dochter gedreven, toen de Doctor hem op het kerkhof, in tegenwoordigheid van wel tien menschen, vroeg of hy waerlyk met Lisa trouwen wilde. »

« Wat zegt gy daer? Mynheer van Bruinkasteel heeft den spot met my gedreven? »

« Hy heeft aen den Doctor gevraegd, of hy meende dat een Baron als hy met de dochter uit eene boerenafspanning trouwen kon; en, toen men hem zegde dat gy zelf reeds den Notaris over de huwelyksvoorwaerden geraedpleegd

hebt, riep hy luid op : de dochter is een braef meisken ;
maer de vader is een verwaende gek die reeds lang te
Gheel [1] zitten moest. »

Dit laetste gezegde deed den Baes van gramschap
opspringen alsof iemand hem onvoorziens op den voet
hadde getrapt.

« Wat durft gy zeggen? » schreeuwde hy dreigend
« ik zou te Gheel moeten zitten? Wat gaet u over, of zyt
gy gansch van uw verstand, onbeschofte? Het is wel
waer : een dolle hond byt ook zyn' eigen meester. »

« Ik herhael u wat tien menschen beweeren te hebben
gehoord. Wilt gy het niet gelooven, Baes, het staet u
vry : wat helpt...... »

« Ja, zeg het maer : wat helpt keers en bril als de uil
niet zien wil ! Ik weet niet, hoe het mogelyk is dat ik u
niet by de schouders vat en ter deure uitwerp. »

« Wat helpt het licht, voor hem die de oogen toenypt? »
ging Kobe voort « de Baron heeft nog in andere omstan-
digheden met uwe hoop gelachen...... »

« Neen, neen, wat gy zeggen wilt is niet waer : het
kan niet waer zyn. Gy geeft geloof aen de lastertael van
nydige lieden, die barsten van venyn omdat ik meer
geld heb dan zy, en omdat zy wel voorzien dat Lisa

[1] Eene gemeente in de Kempen, waer men de zinneloosen naertoe voert, om er te worden verpleegd.

Mevrouw zal worden, tot spyt van allen die het haer misgunnen. »

« Als de blinde droomt dat hy ziet, dan ziet hy wat hy geerne ziet » zuchtte Kobe. « Is er geene zalf aen uwe wonde te stryken, Baes, dan kan ik het ook niet verhelpen en ik zeg met het spreekwoord : ieder kookt het gelyk hy het eten wil : doe uwe goesting en trouw morgen. »

« Uitvindsels van vuile nydigaerds, anders niet ! »

« De Doctor benydt u niet, Baes; hy is een koel en voorzigtig man, die misschien alleen in het gansche dorp nog uw vriend gebleven is. Hy zelf spoorde my aen om het gevaer, met of tegen uwen dank, u onder de oogen te brengen. »

« Maer de Doctor is bedrogen, Kobe; men heeft hem valsche dingen wysgemaekt. Het kan niet anders zyn, zeg ik u ! Dit zou al schoon zyn, dat de Baron met Lisa niet zou trouwen ! »

« Ongelegde eijeren zyn onzekere kiekens, Baes. »

« Ik ben er zoo zeker van als van myns vaders naem. »

« Gy zit nog niet in den zadel, en gy rydt al te peerd. Ik zeg u, Baes, dat de Baron u bespot, u uitlacht, u uitmaekt voor eenen dwazen; ik zeg u, dat gy blind zyt, dat ik u en Lisa beklaeg; en dat ik morgen vroeg van hier wegga, om het droevig einde van het treurspel niet te zien.

En, zoo gy uwe ooren wilt openzetten, Baes, zal ik, voor myn vaerwel, u eenen raed geven, eenen gouden raed. »

« Voor uw vaerwel? Dit zullen wy zien! Laet hooren dien kostelyken raed? »

« Zie, Baes, wie geern gelooft is gauw bedrogen. Ware ik in uwe plaets ik zou heden nog willen weten wat ervan is; ik zou naer het jagthof gaen en met stoutheid aen mynheer van Bruinkasteel vragen, hoe hy het met Lisa meent. Schoone woorden en komplimenten in den wind zouden my niet verleiden; myne redenen zou ik telkenmael sluiten met de vraeg: trouwt gy of trouwt gy niet? En ik zou hem dwingen met opene kaert te spelen en my eens en voor altyd een duidelyk en beslissend antwoord te geven. Indien hy weigert, gelyk het waerschynlyk is, dan zou ik beletten dat hy Lisa nog ooit het woord toesture; ik zou spoedig het hekken aen den ouden styl hangen, my by Karel verontschuldigen, hem terugroepen en zyn huwelyk met Lisa verhaesten. — Dit is het eenig middel dat overblyft om groot kwaed en schande te verhoeden. »

« Welaen, zoo mynheer van Bruinkasteel my zelf niet spoedig van zyn huwelyk komt spreken, zal ik stout genoeg zyn om hem erover te ondervragen; — maer het heeft geene haest. »

« Geene haest, Baes? Van de hand tot den mond valt de

pap op den grond. Heden moet gy weten wat de Baron in de mouw draegt. »

« Nu, nu, » riep de Baes « ik zal dezen namiddag naer het jagthof gaen; ik zal den Baron eene duidelyke verklaring afvragen; maer ik weet op voorhand wat hy antwoorden gaet. »

« Ik wenschte dat gy de waerheid zeggen kondet, Baes; maer ik vrees dat gy eenen duivel voor uwen nieuwjaer zult krygen. »

« Wat? Dat ik de waerheid zeggen konde! »

« Of dat gy de waerheid dezen keer maer zegdet. »

« De wereld loopt verkeerd » zuchtte de Baes met pynelyk ongeduld » de knecht houdt den meester voor den zot...... en ik moet het verkroppen! Speel met den ezel, hy zal u met den steert voor het aengezigt slaen. Maer wacht maer, ik zal haest gewroken zyn; nog dezen namiddag ga ik naer het jagthof.... En wat zult gy dan zeggen, onbeschaemde, als ik terugkom met de verklaring dat de Baron met Lisa trouwen wil? »

« Dat gy alleen verstand hebt, Baes, en dat alle de anderen, ik er onder begrepen, groote dommerikken zyn. Maer wat zult gy zeggen, Baes, zoo mynheer van Bruinkasteel u bespot? »

« Dit kan niet zyn, zeg ik u! »

« Ja, als het nu zoo eens was? »

« Als ? Als ? Als de hemel valt zyn wy altemael dood ! »

« Ik herhael myne vraeg , Baes : zoo de Baron u met spot afwyst ? »

« Ah , Baron of geen Baron , ik zou laten zien wie ik ben , en. . . . . »

Een akelige noodkreet, een grievende angstschreeuw deed het woord in zynen mond versterven.

Met onsteltenis en schrik sprongen beide regt en liepen naer de kamer waer Lisa zich bevond.

De maegd stond achter het venster en blikte op de straet. Wat zy zag moest vreesselyk zyn, want haer mond verkrampte om de geslotene tanden ; de opgespalkte oogen schenen haer uit het hoofd te komen en hare gespannen leden sidderden yselyk. Nauwelyks was Baes Gansendonck ten halve der kamer geraekt of een nieuwe schreeuw vloog snydend door de kamer ; — Lisa hief de twee handen ten hemel en viel loodzwaer achterover op den vloer.

De Baes knielde kermend by haer neder.

Kobe liep tot het venster en wierp eenen blik over de schermen. Hy verbleekte, en beefde insgelyks ; tranen ontsprongen zyner oogen ; en zoo zeer verstomde hem hetgeen hy zag, dat hy geene acht sloeg op de hulpkreten zyns meesters.

Daer buiten , voor de deur , ging Karel , met de handen op den rug gebonden, tusschen twee gendarmen over de baen naer de stad ; eene oude vrouw huppelde huilend achter hem en zaeide gloeijende tranen in de voetstappen van haer ongelukkig kind. Sus de smid trok zich de haren uit en raesde van toorn en droefheid. Een aental boeren en boerinnen stapten met hangend hoofd en treurig gelaet achteraen. Menige voorschoot ging op en neêr om eene traen des medelydens af te droogen. — Men zou gezegd hebben dat een lykstoet hier voor- by trok om eenen dierbaren doode naer het graf te vergezellen.

IX.

Als een ezel het te wel krygt, gaet hy op het
ys dansen en breekt zyn been.

Nauwelyks had Baes Gansendonck het
middagmael genoten, of hy begaf zich,
volgens den raed zyns knechts, op weg
om den Baron over zyne inzigten te gaen
ondervragen. De smis niet voorby willende stapte
hy de achterdeur zyner wooning uit en sloeg een
binnenpad in, dat hem, dwars door mastbosschen
en eenzame velden, naer het jagthof van mynheer
van Bruinkasteel brengen zou.

Het gelaet van Baes Gansendonck getuigde niet van
droefheid, alhoewel zyne dochter sedert dezen morgen
met eene hevige zenuwkoorts te bedde lag; integendeel,
er blonk eene zekere tevredenheid op, en soms lachte hy
zoo helder en zoo zegepralend alsof hy zich om eene

behaelde overwinning hadde verheugd. Aen de beweeg-
baerheid zyner wezenstrekken en aen de afwisselende
uitdrukkingen welke er op verschenen, kon men zien dat
hy al gaende van aengename dingen droomde en zich
onachtzaem op den stroom der hoop en der begoocheling
vlotten liet. Eenigen tyd reeds had hy in zichzelven
gemompeld en door gebaerden alleen de bezigheid zyns
geesten verraden. Allengskens echter rukte de schoone
bespiegelingen hem zoo verre weg, dat zyne stem zich
meer en meer verhief, en hy welhaest luidop zegde :

« Ah, zy spannen altemael samen tegen my, en zy
meenen dat ik eenen voet zal achteruit gaen voor hun lomp
geschreeuw ? Baes Gansendonck zal laten zien wie hy is
en wat hy kan ! Een ander zou zeggen : het is beter
vrienden dan vyanden te hebben; maer ik zeg : het is beter
benyd dan beklaegd, en menigmans vriend is allemans
gek...... De Baron zou met Lisa niet trouwen ? — En
hy heeft vandaeg al twee mael zynen knecht gezonden om
naer hare gezondheid te doen vernemen ! Als ik my het
fyn overpeins valt er niet aen te twyfelen. Heeft hy my
zelf niet gezegd, dat Lisa veel te goed en te geleerd is om
de vrouw van eenen groven brouwer te worden? Heeft hy
er niet bygevoegd : zy zal een beter huwelyk doen en
iemand gelukkig maken die in staet is om haer te begrypen? My dunkt het is klaer genoeg. Of denken die
onbeschaefde boeren, dat een Baron te werk gaet gelyk

zy, en zoo maer vlak af zegt : Trien willen wy samen
trouwen ? Neen , het gaet er zoo niet ? Ah, mynheer van
Bruinkasteel zou het huwelyk met Lisa weigeren ? Ik wed
voor vyf bunder land, dat hy my om den hals vliegt zoohaest ik hem ervan begin te spreken. Mynheer van Bruinkasteel zou met Lisa niet trouwen ? Niet trouwen ? Alsof
ik niet gemerkt had waerom hy my altyd zoo den vriend
hield en de mouw vaegde, dat iedereen het zien kon ?
Het was mynheer Gansendonck langs hier, vriend Gansendonck langs daer; hazen die hy zond, patryzen die hy
bragt. En Lisa eet geen wild...... dus, my wenschte
hy te believen. Waerom ? Het was zeker niet om myne
schoone oogen. Neen , neen, hy maekte zyn pad zuiver
tegen dat hy den grooten stap zou wagen. Ik zal hem
de zaek vergemakkelyken ; hy zal er niet weinig bly om
zyn...... »

Baes Gansendonck wreef zich met vrolyke zelftevredenheid in de handen en zweeg eene wyle tyds, gewis om
beter de zoetigheid zyner verleidende overtuiging te
smaken. Wat verder schoot hy eensklaps in eenen lach
en zegde :

« Ah, ah, my dunkt ik zie ze daer altemael in het dorp
staen met neuzen zoo lang als myne gaffel ! Daer gaet de
Baron met Lisa aen zynen arm ; zy zyn gekleed dat de
boeren hunne oogen moeten toenypen voor den glans ;
vier knechts, met goud en zilver aen den hoed, volgen hen;

de koets met vier peerden stapt achteraen; ik, Peer Gansendonk, ik ga nevens mynheer van Bruinkasteel en ik
steek den kop omhoog, en ik bezie de vuiltongen en de nydigaerds, gelyk de schoonvader van eenen Baron het
lomp boerengespuis mag en moet bezien. Wy gaen naer de
kerk; daer liggen tapyten en kussens; daer worden bloemen gestrooid; het orgel speelt dat de ruiten beven; het
jawoord wordt voor den autaer gesproken.......... en
Lisa rydt met haren man in post door het dorp dat het
vuer uit de steenen springt, regt naer Parys.........
's Anderendaegs liggen er wel twintig boeren te bed van
spyt en nyd. — Ondertusschen verkoop of verhuer ik den
S¹ Sebastiaen, en als myn schoonzoon met myne dochter
terugkeert, trek ik met hen op een groot kasteel! Baes
Gansendonck, dat is te zeggen mynheer Gansendonck,
heeft zyne schaepkens op het droog gebragt; hy doet
niets meer dan gebieden, eten, jagen, spelenryden......
Maer by het overpeinsen van alle die schoone dingen loop
ik byna met mynen neus op de poort van het jagthof! »

Dit zeggende trok de Baes aen de bel.

Na een oogenblik wachtens opende een knecht de poort
en zegde :

« Ah, dag Baes ! Gy komt zeker om mynheer den Baron
te bezoeken ? »

« Inderdaed, kerel » antwoordde de Baes met stuersch
gelaet.

« Hy is niet te huis. »

« Hoe, hy is niet te huis ? »

« Het is te zeggen, hy is niet spreekbaer. »

« Niet spreekbaer voor my ? Dit zou schoon zyn ! Hy ligt misschien te bed ? »

« Neen, maer hy wil niemand ontvangen; gy kunt denken waerom. Een blauw oog en het gezigt vol krabben...... »

« Dat doet er niets toe. Hy moet zyn aengezigt voor my niet verbergen : ik ben gemeenzaem genoeg met mynheer den Baron om hem te mogen spreken al lage hy te bed...... En ik ga maer binnen : zyn verbod is niet voor my. »

« Kom aen dan » sprak de knecht met eenen slimmen grimlach « volg my, ik zal uw bezoek aenkondigen. »

« Het is niet noodig » mompelde de Baes « die komplimenten zyn tusschen ons overbodig. »

Maer de knecht leidde hem in eene kleine voorkamer en dwong hem, ondanks zyne tegenwerpingen, in eenen stoel te zitten om op het antwoord des Barons te wachten.

Reeds was er byna een half uer verloopen en nog was de knecht niet terug. De Baes begon zich schrikkelyk te verdrieten en morde in zichzelven :

« Die knecht meent my ook al voor den zot te houden. Het is goed, ik zal het op myn boeksken schryven. Hy zal in onzen dienst geen grys hair krygen. Weg moet hy !

Dat zal hem leeren !...... Maer ik luister my doof, en ik hoor nog geen stroopyl verroeren op het jagthof. Zou de knecht vergeten hebben dat hy my hier wachten deed? Zoo verre zal hy de onbeschoftheid toch niet durven dryven. In alle geval, ik kan hier niet blyven zitten tot morgen. Kom, kom, ik ga eens zien. Ah, daer hoor ik den schelm. Hy lacht ! Met wien zou hy lachen ? »

« Baes Gansendonck » sprak de knecht « gelief my te volgen: mynheer de Baron heeft de goedheid, u te ontvangen ; maer het heeft moeite gekost ! Zonder myne voorspraek gingt gy naer huis gelyk gy gekomen zyt. »

« Eh, eh, wat raest gy altemael, onbeleefderik ? » riep de Baes in gramschap « weet tot wien gy spreekt : ik ben mynheer Gansendonck ! »

« En ik ben Jaek Miermans, om u te dienen » antwoordde de knecht met kluchtige koelheid.

« Ik zal u vinden, kerel » zegde de Baes de trappen opstygende « gy zult weten waerom gy my een geheel half uer in dit kamerken te blinken hebt gezet. Maek uw pak gereed ; gy zult hier niet lang meer met mannen als ik den spot dryven. »

De knecht, zonder nog op deze bedreiging te antwoorden, opende de deur eener zael en riep met luiderstemme :

« De Baes uit den *St Sebastiaen* ! » waerna hy den verstoorden Gansendonck liet staen en even ras de trappen afging.

88   9

Mynheer Van Bruinkasteel zat in het diepe der zael,
met den elleboog op eene tafel leunende. Zyn linker oog was
onder eenen windel verborgen; zyn voorhoofd en wangen
droegen de teekenen zyner worsteling tegen den brouwer.

Wat echter de aendacht van Baes Gansendonck by de
intrede veel meer opwekte, was de prachtige turksche
kamerrok des Barons. Dit hooggekleurd en veelverwig
kleed deed den Baes schemeroogen; en, met eenen lach
van bewondering was het, dat hy uitriep, zelfs vooraleer
den Baron gegroet te hebben :

« Heilige deugd, mynheer de Baron, wat schoone
slaeprok hebt gy daer aen! »

« Goeden dag, mynheer Gansendonck » sprak de
Baron, zonder acht op deze uitroeping te slaen « gy
komt gewis vernemen hoe het my gaet? Wees bedankt
voor uwe vriendschap. »

« Neem het niet kwalyk, mynheer de Baron; maer
voor dat ik naer uwe gezondheid vrage, zou ik geerne
weten waer gy dien nachtrok hebt laten maken? Hy
steekt my waerlyk dè oogen uit! »

« Doe my niet lachen, mynheer Gansendonck; het
veroorzaekt my pyn aen de wangen. »

« Het is niet om te lachen; neen, neen, het is
gemeend. »

« Uwe vraeg is zonderling : deze kamerrok is te Parys
gekocht. »

« Te Parys ! Het is spyt , Baron. »

« Waerom toch ? »

« Ik hadde my geerne ook zulk eenen laten maken. »

« Hy kost by de twee honderd franken ! »

« Ah , daer moet ik niet op zien. »

« Hy zou u niet staen , mynheer Gansendonck. »

« Niet staen ? Als ik hem kan betalen dan moet hy my
wel staen ! — Maer dit daer gelaten. Hoe gaet het nu ei-
gentlyk met uwe gezondheid, mynheer Van Bruinkasteel? »

« Gy ziet het : een blauw oog en het lyf vol kneu-
zingen. »

« De schelm is toch van de gendarmen weggehaeld en
naer de stad gevoerd. Gy zult hem zeker zyne onbeschofte
barschheid doen bekoopen gelyk het betaemt ? »

« Zeker, hy moet gestraft worden ; hy heeft my op
myn eigen goed met voorbedachtheid afgewacht en my
aengevallen. Het Geregt loopt hoog met zulke feiten.
Maer ik zou niet geerne zien, dat men de zaek naer de
letter der Wet opname ; dan kreeg hy zeker wel voor vyf
jaren. Zyne oude moeder is dezen morgen my komen
bidden en smeeken : ik heb medelyden met de arme
vrouw. . . . . . »

« Medelyden ! » riep de Baes met gramme verwondering « Medelyden met die schurken ? »

« Is de zoon een woestaerd, welke schuld heeft de
ongelukkige moeder daer aen ? »

« Dan moest zy haren zoon maer anders voorgeleerd hebben. Dit barsch gespuis zal niet meer hebben dan het verdient. En wat zouden de boeren wel gaen denken, als zy met menschen gelyk wy zoo maer mogten handelen alsof wy hunne gelyken waren? Neen, neen, het ontzag, de eerbied, de onderdanigheid moet onderhouden worden : zy steken nu alreeds veel te veel hunne horens omhoog. Ware ik in uwe plaets, ik zou op geen geld zien om den brouwer, en met hem het gansche dorp, eene zure les te geven. »

« Nu, dit is myne zaek. »

« Zeker, ik weet het wel, Baron; ieder is meester in hetgeen hem aengaet. »

Het scheen dat de wending dezer samenspraek den Baron mishaegde; want hy keerde het gezigt af en bleef een oogenblik zonder spreken zitten. De Baes, die insgelyks niet wist wat zeggen, zag met verstrooidheid de kamer rond en poogde iets uit te vinden om over het huwelyk zyner dochter te beginnen. Hy verroerde de voeten en kuchte eenige malen, doch zyn verstand bleef hem wederspannig.

« En ons arm Liesken? » sprak de Baron eindelyk « het aenschouwen der wegvoering van den brouwer moet haer schrikkelyk ontsteld hebben? Ik begryp het; zy bemint hem sedert hare kindschheid. »

De Baes scheen uit den slaep op te schieten zoohaest

de naem van Lisa uit den mond des Barons in zyne ooren klonk. Daerdoor, dacht hy, werd hem den weg schoon gemaekt om tot zyn inzigt te komen ; grimlachend antwoordde hy :

« Zy bemint hem, meent gy, Baron? Neen, neen! Het was eertyds eene kalverliefde, gelyk men zegt ; maer dit is lang gedaen : ik heb er eenen stok voorgesteken en den brouwer aen de deur gezet. Denk eens, Baron, dit grof biervat zou geerne met myne Lisa getrouwd hebben! »

« Er zyn er nog anderen, Baes, die zulke goesting zouden kunnen hebben. »

Eene vonk der blydschap glimde in het oog des Baes; hy sprong op in zynen leunstoel en sprak met eenen slimdommen lach :

« Ah, ah, ik weet het al lang; een verstandig man raedt gemakkelyk waer de koe ligt zoohaest hy haren steert maer ziet. »

« De vergelyking is aerdig. »

« Niet waer? Wy zyn ook van zessen klaer, Baron. Maer laet ons het kalf by den kop vatten : omwegen zyn er immers tusschen ons niet meer noodig? »

De Baron aenzag den Baes met eenen bedwongen lach.

« Alzoo denkt mynheer de Baron ernstig aen het huwelyk? » vroeg Gansendonck zegepralend.

« Hoe weet gy dit? Ik heb het zelfs voor myne vrienden verborgen gehouden. »

« Ik weet alles, Baron : er steekt meer in mynen koker dan gy meent. »

« Inderdaed, gy moet een waerzegger zyn, of gy raedt er naer. Gy slaet eventwel den nagel op den kop. »

« Dan zullen wy het overige maer kort maken » sprak de Baes zich in de handen wryvende « kom aen, zie ik doe eene opoffering : ik geef myne Lisa dertig duizend francs tot bruidschat, in geld en in liggende goed. En als ik sterf krygt zy er nog dertig duizend. Wy zullen de afspanning verkoopen om geene gemeenschap met die lompe boeren meer te hebben..... en ik zal by u op uw kasteel komen woonen. Zoo krygt gy toch de zestig duizend francs van den eersten dag reeds. »

Hy stond met deze woorden van den stoel op, bood zyne hand den Baron aen en riep :

« Gy ziet dat ik niet vele moeijelykheden maek. Nu, mynheer van Bruinkasteel, sla toe op dit huwelyk..... Waerom trekt gy uwe hand terug ? »

« Op dit huwelyk? Op welk huwelyk? » vroeg de Baron.

« Kom, kom, druk de hand van uwen schoonvader, en binnen veertien dagen valt gy met myne dochter van den predikstoel! [1] Wees niet beschaemd, Baron; wy zyn immers geene kinderen meer : de hand! de hand! »

[1] *Van den predikstoel vallen* beduidt den eersten roep of de eerste afkondiging zyns huwelyks in de kerk bekomen.

De Baron schoot uit in eenen langen lach; — op het gelaet van Baes Gansendonck schetste zich verbaesdheid en angst.

« Waerom lacht gy, mynheer van Bruinkasteel? » vroeg hy bedeesd « is het misschien van blydschap? »

« Sa, mynheer Gansendonck » riep de Baron zoohaest hy den schaterlach meester werd « zyt gy van uwe zinnen of wat gaet u over? »

« Hebt gy zelf niet gezegd dat gy gaet trouwen? »

« Zeker, met eene jonkvrouw van Parys! Zy is zoo schoon niet als uwe Lisa; maer zy is Gravin en draegt eenen overouden en befaemden naem. »

Eene siddering schokte den Baes van top tot teen; met smeekend gelaet sprak hy :

« Mynheer de Baron, allen spot ter zyde, als het u belieft! Het is immers met myne Lisa dat gy trouwen wilt? Dat gy geerne lacht, weet ik; en ik heb er niets tegen als het u vermaek kan doen; — maer denkt er eens goed aen, Baron; meiskens gelyk onze Lisa loopen er toch zoo dik niet : schoon als een bloemken in het veld, geleerd, beleefd, van eerlyke afkomste, dertig duizend francs op de hand en nog zoo veel te verwachten! Het is geene zaek om mede te lachen; en ik weet niet of eene Gravin wel altyd zoovele voordee- len aenbiedt. Eene goede gelegenheid vliegt met de oeijevaers over zee, en God weet wanneer zy wederkeert. »

« Arme Gansendonck » zegde de Baron « ik beklaeg
u : gy hebt waerlyk uwe vyf zinnen niet ; er is iets losgeschoten in uwe hersens ! »

« Wat ? wat ? » riep de Baes met verstoordheid « maer
ik zal my inhouden ; het is misschien maer om te lachen.
Er moet eventwel een einde aen ons misverstaen komen.
Ik vraeg u , mynheer van Bruinkasteel : wilt gy met myne
dochter trouwen of wilt gy het niet ? Ik verzoek , u my
een klaer en kort antwoord te geven. »

« Het is my zoo veel mogelyk met Lisa te trouwen,
Baes, alsdat gy een huwelyk met de morgenstar zoudt
aengaen ! »

« En waerom dit » riep de Baes in gramschap « of zyt
gy misschien te grootsch voor ons ? De Gansendoncks zyn
eerlyke lieden , mynheer, en zy hebben menig schoon
stuk land onder den blauwen hemel liggen ! Zeg maer
kort af : trouwt gy met myne dochter ofte niet ? »

« Uwe vraeg is belachelyk : dan ik wil er wel op antwoorden. Neen , ik trouw niet met Lisa, noch heden ,
noch morgen , noch ooit ! En laet my nu met vrede over
uwe gekke waen. »

Van woede bevend en rood als een haen van schaemte
en spyt, stampte de Baes met den voet op het tapyt
en riep :

« Ah , myne vraeg is belachelyk, ik ben een gek , gy
wilt met Lisa niet trouwen ? Dat zullen wy zien ! Het

regt is voor iedereen, zoowel voor my als voor eenen
Baron. Al moest ik er de helft van myn goed aen verspe-
len, ik zal u wel weten te dwingen. Wat, gy zult met
schynheilige treken in myn huis dringen, myne dochter
eenen hoop valschheden wysmaken, haren goeden naem
in gevaer brengen, my voor den zot houden?.... En
dan durven zeggen : ik begeer haer niet, ik ga trouwen
met eene Gravin ! Dat gaet zoo niet, Baron ! Met Baes
Gansendonck is zoo ligt niet om te springen. Na hetgeen
er gisteren is voorgevallen, kunt gy niet meer weigeren ;
gy moet de eer myner dochter herstellen, of ik doe u
voor den Tribunael verschynen, en ik zal het vervolgen
tot Brussel toe. Trouwen zult gy ! En zoo gy van nu af
uw jawoord niet geeft, verbiede ik u, nog eenen voet
over mynen dorpel te zetten ! »

  Gedurende dezen uitval had de Baron met eenen stillen
lach van medelyden en met groote koelheid, den Baes
aenzien ; slechts by het einde der bedreigingen kwam
eene roode kleur op zyn aengezigt getuigen, dat de
verontweerdiging of de toorn hem poogde te ontroeren.

  « Mynheer Gansendonck » sprak hy « om myn zelven
te eerbiedigen, zou ik aen deze belkoord moeten trekken
en u door myne knechts het Hof moeten doen uitleiden ;
maer ik heb waerlyk medelyden met uwe zinneloosheid. Zoo
gy wilt, zal ik, eens en voor altyd, klaer en duidelyk antwoorden op al hetgeen gy gezegd hebt en nog zoudt kunnen

zeggen. Er ligt in het gebeurde eene les voor u en voor my. Wy zouden beide wel doen met ons nut er uit te trekken. »

« Ik wil weten » riep de Baes « of gy met Lisa trouwen zult ofte niet ! »

« Hebt gy geene ooren, dat gy my zoo dikwyls hetzelfde vraegt ? Luister, mynheer Gansendonck, op hetgeen ik zeggen ga, en onderbreek my niet, of myne knechts zullen een einde aen onze belachelyke samenspraek komen stellen. »

« Ik luister, ik luister » morde de Baes op de tanden bytend « al moest ik erin versmachten, ik zal zwygen, zoo ik daerna myne beurt maer kryg ! »

« Gy verwyt my, dat ik in uw huis my ingedrongen heb » ving de Baron aen « nochtans weet gy zelf wel, dat gy my er naertoe loktet en my aenspoordet om met uwe dochter kennis te maken. Wat heb ik ten uwent dan gedaen, dat zonder uwe toestemming geschiedde ? Niets. Integendeel, gy vondt altyd dat ik niet gemeenzaem genoeg met uwe dochter was. Nu komt gy beweeren dat ik met haer trouwen moet. Het was aldus een strik dien gy my spandet, en gy loktet my aen met verborgen inzigten ! Oordeel zelf of ik zulke middelen en zulke verwaende ontwerpen moet verfoeijen ofte niet. Ik kwam by Lisa omdat haer gezelschap my aengenaem was, en omdat een echt gevoel van vriendschap my tot haer toog. Heeft deze

ommegang, waerdoor ik u meende te vereeren, een droef
gevolg voor ons allen opgelevert, het spruit alleenlyk
daeruit voort, dat wy het spreekwoord *blyft by uwe gelyken*,
niet in acht genomen hebben. Wy hebben beide onver-
standig gehandeld en beide zyn wy gestraft. Ik ben, tot
myne groote schaemte, byna door eenen boer verpletterd;
gy zyt het gansche dorp tot spot geworden en ziet in eens
alle de Kasteelen instorten, die gy in de lucht hadt
gebouwd. Het is beter onder de galg gebiecht dan nooit.
Ik beken dat ik kwalyk heb gedaen met in eene boeren-
herberg gemeenzaem te gaen, te komen en te handelen,
alsof ik de gelyke uwer dochter ware; en nu gevoel ik,
dat indien Lisa niet uit de natuer zeer zedig ware geweest, myne woorden en manieren, hare schoone inborst
zouden bedorven hebben. »

« Wat durft gy zeggen? » riep de Baes, uitbarstend
«·hebt gy tot myne dochter oneerlyk gesproken, verleider
dat gy zyt ! »

« Ik lach met uwe dwaesheid » ging de Baron voort
« ik wil nog voor een oogenblik vergeten, wie het is die
my dus aenspreken durft...... Ik heb tot uwe dochter
niets gezegd dan hetgene men in de hoogere wereld voor
dagelyksche komplimenten aenziet; dingen die de fransche
tael eigen zyn, en misschien weinig schaden aen persoonen
die van jongs af niet anders hooren; maer die in de nede-
rige standen het hart en de zeden bederven, omdat men

ze voor waerheid neemt, en zy dus de driften ontsteken
alsof zy geene ydele komplimenten waren. Daerin heb
ik gedwaeld : het is de eenige misdaed of misgreep die
iedereen my verwyten mag, behalven gy die my meer deed
doen en zeggen dan ik zelf wilde. Gy hebt my daer straks
gedreigd dat gy my uw huis zoudt verbieden; het is niet
noodig : reeds had ik besloten my de ontvangene les ten
nutte te maken en niet alleen ten uweut niet meer als
vriend te gaen; maer zelfs by geene andere boerenmenschen my anders te houden dan mynen staet betaemt. »

« Boerenmenschen! » riep de Baes met ongeduld. « Ik ben
geen boerenmensch! Ik heet Gansendonck. Wat gelykenis
vindt gy tusschen my en eenen boer, zeg! »

« Ongelukkiglyk voor u, inderdaed niet veel » antwoordde de Baron. « Uwe hooveerdigheid heeft u verleid;
nu zyt gy visch noch vleesch, boer noch heer : in
geheel uw leven zult gy niets ontmoeten dan vyandlyk-
heid en spot van den eenen kant, mispryzen en medelyden van den anderen. Gy moest beschaemd zyn, dat gy
zoo onbezonnen uwen eigen staet veracht. Een boer is op
aerde de nuttigste mensch; en, is hy daerenboven eerlyk
en goed van harte, vervult hy zyne pligten, zoo verdient hy
boven alle anderen geacht en bemind te worden. Maer weet
gy wie de boeren veeltyds bespottelyk maken? Het zyn
mannen die, gelyk gy, meenen dat men zich verheft met
zyne broederen te mispryzen; die meenen dat men geen

boer meer is zoohaest men van de boeren met kleinachting
spreekt, en dat het voldoende zy, eenige arendsvederen
zich op het lyf te hangen, om een arend te zyn. »

« Heb ik nu lang genoeg geluisterd? » riep de Baes
opspringende « of denkt gy, mynheer de Baron, dat ik
gekomen ben om my zoo maer door den modder te laten
slepen zonder spreken? »

« Nog een woord » voegde de Baron by zyne eerste rede
« wil ik u eenen goeden raed geven, mynheer Gansendonck? Schryf op de deur uwer slaepkamer het spreekwoord: *Schoenmaker blyf by uwen leest;* kleed u gelyk de
andere boeren, spreek en handel gelyk de menschen van
uwen staet, zoek voor uwe dochter een brave landbouwers-
zoon tot man, rook uwe pyp en drink üw glas bier in
vriendschap met de lieden uit het dorp, en doe geen
geweld meer om te schynen wat gy niet zyt. Denk, dat
als cen ezel een leeuwenvel draegt zyne ooren er toch
blyven uitsteken; en dat men altyd aen uwe vederen en
zang genoegzaem zal merken dat uwe moeder geen end-
vogel was. — En ga in vrede met deze les van hier; gy
zult my later ervoor bedanken! Vermeent gy eventwel
nog iets te moeten zeggen, spreek, ik zal u op myne beurt
aenhooren. »

De Baes sprong weder uit zynen stoel, kruiste de armen
met woede op de borst, en riep:

« Ah, gy denkt my met uwe gemaekte koelheid

en met apensprongen te bedriegen! Neen, neen, zoo zal het niet vergaen; wy zullen eens zien of er geen regt bestaet om u te dwingen, mynheer de Baron! Naer uwen vader in de stad zal ik gaen, en hem uitleggen hoe gy de eer van myn huis geschonden hebt! En, al moest ik naer Parys doen schryven aen de Gravin, waervan gy uit vreeze my den naem verzwygt, ik zal het doen, — uw huwelyk beletten en aen geheel de wereld doen weten, wat valsche bedrieger gy zyt! »

« Is dit nu alles wat gy te zeggen hadt? » vroeg de Baron met teruggehouden toorn.

« Trouwt gy met Lisa ofte niet? » schreeuwde de Baes met de vuisten dreigend.

De Baron stak de hand uit en rukte tweemael met geweld aen de belkoord. Men hoorde even spoedig de haestige stappen van toeloopende mannen op den trap. Baes Gansendonck sidderde van spyt en schaemte. De deur ging open; dry knechts verschenen in de zael.

« Mynheer de Baron heeft gebeld? » vroegen allen te gelyk met verbaesdheid.

« Geleidt mynheer Gansendonck tot aen de poort van het Hof! » gebood de Baron zoo koel als het hem nog mogelyk was.

« Wat! gy zult my de deur doen uitzetten! » schreeuwde de Baes met verkropte woede « gy zult het my betalen, dwingeland, bedrieger, verleider.... ! »

Met de hand een teeken tot de knechts doende, regtte
de Baron zich op en verliet de zael langs eene zydeur.

Baes Gansendonck stond als van den donder geslagen
en wist niet of hy schelden of weenen zou. De knechts
duwden hem intusschen beleefdelyk doch onweêrstaenbaer
tot by de deur, zonder op zyne uitroepingen acht te slaen.

Voor dat de Baes gansch goed wist wat er omging,
stond hy in het veld en zag de poort van het jagthof
achter zich sluiten.

Hy ging eene wyl regt vooruit gelyk een blinde die
niet weet waer hy zich bevindt, tot dat hy met het hoofd
tegen eenen boom liep en door den stoot scheen te ontwaken. Dan stapte hy met haest verder in de baen en
bulderde, in hoonende bewoordingen, tegen den Baron
om zyne droefheid en zyne spyt lucht te geven.

Achter den hoek van een schaerbosch bleef hy over-
peinsend staen. Na een half vierendeel uers in de pyne-
lykste overwegingen weggezonken te hebben gebleven,
begon hy zichzelven met vuisten te slaen en met de platte
hand op het voorhoofd te kletsen, terwyl hy tusschen
elken slag zichzelven toeriep :

« Ezel, durft gy nu nog naer huis gaen, uil, dat gy
zyt? Gy moest gegeesseld worden, dwaze lomperik. Dat
zal u leeren Baronnen en Mynheeren ! Doe nu nog eene
witte *gilet* en geele handschoenen aen ; het was beter dat
ze u eene zotskap opzetten ! Onnoozel en dom genoeg om

op eenen windmolen te verdrinken ! — Verberg u , zink
door den grond van schaemte, lompe boer ! lompe
boer...... !

Eindelyk , na dat hy zyne gramschap op zichzelven had
uitgeput , schoten hem de tranen in de oogen ; weenend
en zuchtend, vol schaemte en droefheid, sukkelde hy naer
zyne wooning voort. .

Eensklaps zag hy zynen knecht van verre in de baen
tot hem komen geloopen , onder het uitgalmen van on-
verstaenbare kreten der haest.

« Baes , Baes , och, kom gauw ! » riep Kobe zoodra hy
zynen meester genaderd was « onze arme Lisa ligt in
eene doodelyke stuip ! »

« God ! God ! » zuchtte Baes Gansendonck « alles valt
my te gelyk op het hoofd ! En iedereen verlaet my. Gy
ook, Kobe ! »

« Het is vergeten , Baes » sprak de knecht met zoet
medelyden « gy zyt ongelukkig : ik blyf by u zoolang ik
u tot iets goed kan zyn.... maer kom aen , kom aen ! »

Beide haestten zich met versnelde stappen en onder
droef misbaer naer het dorp.

X.

Het kind des hoogmoeds heet schaemte.

De winter is voorby. Reeds beginnen boomen en kruiden hun teeder groen onder het milde zonnelicht te ontplooijen; de vogelen bouwen hunne nesten en zingen de zoete meiliederen : alles prykt met jeugdige kracht, alles lacht de toekomst tegen, alsof nooit eene grauwe wolk den schoonen blauwen hemel nog verduisteren zou. : . . . .

In de nevenkamer van den St *Sebastiaen* rust eene kranke maegd met het hoofd op een kussen. Arm Liesken, een wreede worm verknaegt haer leven! —— Daer zit zy roerloos, en toch van vermoeidheid hygende; de minste beweging is haer een pynelyke arbeid. Bleek

en doorschynend als glas is haer gelaet; maer op elke harer
uitgeteerde wangen gloeit eene roosverwige vlek......
teekens die yzen doen! Akelig droomend ontbladert zy
met hare magere vingers eenige madelieven, die haer,
als aen een kind, tot troost zyn gebragt. Zy laet de
gekrenkte bloemen op den vloer vallen; haer hoofd zinkt
krachteloos neder op het kussen, haer verglaesde blik
stygt hemelwaerts in het oneindige : hare ziel meet reeds
de baen der eeuwigheid!

Een weinig achter de maegd, ter zyde naer het venster,
zat Baes Gansendonck met de armen op de borst gevou-
wen. Zyn hoofd hing diep voorover; zyne halfgeslotene
oogen waren ten gronde gerigt : alles op zyne wezenstrekken en in zyne houding sprak van bitter lyden, van
wroeging en van schaemte.

Welke waren de gedachten des ongelukkigen vaders,
die aldus zyn eenig kind als eene martelaresse verkwynen
zag? Beschuldigde hy zichzelven? Erkende hy, dat zyn
hoogmoed de beul was die het onnoozel·slagtoffer op de
pynbank had gelegd?

Wat er van zy, hem ook moest eene slange om het hart
gekronkeld liggen; want zyn gelaet was met diepe rim-
pelen der pyn doorploegd en zyne verslenste wangen,
zyne trage bewegingen getuigden genoeg, dat de laetste
sprankels van zelfvertrouwen, van moed en van hoop in
zynen boezem waren uitgedoofd.

De minste zucht zyner kranke dochter deed hem yzen,
haer pynelyk hoesten verscheurde zyne borst; en wanneer
zy haren lydenden blik op hem rigtte, dan beefde hy
alsof in hare weifelende oogen voor hem het schrikkelyk
woord *kindermoorder* te lezen stond. — En nochtans, nu
het liefdegevoel in zyn hart zuiver en gloeijend uit de
banden des hoogmoeds was opgestaen, zou hy de bitterste
dood met vreugde aenveerd hebben om het leven zyns
kinds slechts een enkel jaer te mogen verlengen.

Arme Gansendonck, hem had alles zoo toegelachen
op de wereld. Zulke hemelschoone droomen van geluk
en van grootschheid hadden hem zyn gansch leven gevleid
en gewiegeld! Nu zat hy daer als eene stomme schim by
zyn wegstervend kind, — benauwd en bevend gelyk een
misdadige op de bank der schande.

Had het gedurig knagen des gewetens, het eeuwig
denken, zyn lichaem verouderd, het had eventwel ook de
duisternis des hoogmoeds en der verwaendheid voor zynen
geest opgeklaerd en zyn gemoed zeer vermilderd. Nu was
zyne kleeding nederig, zyn woord goedhartig, zyne houding vol ootmoed. Lydzaem onder zyn akelig lot bukkend,
had hy nu, voor eenig doel van zyn leven, de verzachting
van zyner dochter smarten gekozen; voor eenig streven,
het bekomen der verlossing van Karel.

Reeds zat Baes Gansendonck byna sedert een half uer
in de zelfde houding. Hy hield zynen adem op en ver-

roerde zich niet, uit vreeze van de ruste zyner dochter te stooren.

Eindelyk hief Lisa met eenen pynelyken zucht het hoofd op, als lage het kussen haer niet gemakkelyk. Baes Gansendonck naderde haer, en zegde met diep medegevoel :

« Lisa lief, het verdriet u zoo, hier altyd alleen in deze kamer te zitten, niet waer ? Zie, de zonne schynt zoo helder daer buiten; de lucht is zoo malsch en frisch ! Ik heb eenen stoel en twee kussens in den achterhof gezet. Wil ik u in den zonneschyn leiden ? De doctor heeft gezegd dat het u goed zal doen ? »

« Ach, neen, laet my hier zitten » zuchtte het meisje « het kussen is zoo hard ! »

« De eeuwige stilte dezer kamer is pynelyk Lisa : uw hart heeft verkwikking noodig. »

« De eeuwige stilte ? » herhaelde de maegd peinsend. « Wat moet het stil en zoet zyn in het graf ! »

« Laet die bittere gedachten, Lisa. Kom, wil ik u helpen ? Niemand zal u zien; ik zal het hekken van den hof sluiten, achter de schoone beukenhaeg zult gy zitten; gy zult zien hoe jeugdig de bloemen staen te groeijen; gy zult hooren, hoe lieflyk de vogelen zingen. Doe het voor my, Lisa. »

« Welaen, Vader » antwoordde het meisje « om u te believen zal ik beproeven, of ik nog zoo verre kan gaen. »

Met de beide handen op de tafel leunend, regtte zy zich

3.

langzaem op. Tranen borsten overvloedig uit de oogen
des vaders, toen hy zag hoe Lisa op hare beenen waggelde
en hoe alle hare leden zwoegend beefden, als ginge zy
bezwyken onder den last van haer tenger lichaem. Hy
vatte haer sprakeloos onder den arm en droeg haer veeleer
dan hy haer ondersteunde. Zoo stapten beide, voet voor
voet, door de afspanning en geraekten, na menigmael te
hebben gerust, in den achterhof, waer Lisa, uitgeput van
krachten en pynelyk hoestend, in den zetel nederzonk.

Na dat de Baes de kussens haer achter rug en hoofd
geschikt had, zette hy zich nevens haer op eenen anderen
stoel, en wachtte in stilte dat hare vermoeijenis wat
verminderde.

Eindelyk zegde hy op troostenden toon tusschen zyne
tranen :

« Heb maer goede hoop, lieve Lisa; de schoone zomer
is begonnen, de zoete zuivere lucht zal u versterken.
Gy zult wel genezen. »

« Ach, Vader, waerom my bedrogen ? » zuchtte de
maegd, het hoofd schuddend. « Iedereen die my ziet —
gy ook Vader — stort tranen en weent over myn lot ! Het
is gedaen, niet waer ? Met de kermis zal ik reeds op het
kerkhof liggen ? »

« Kind, bedroef u zelven niet door dit yselyk
gedacht. »

« Yselyk gedacht ? Op de wereld is het niet goed,

Vader. Ware ik reeds in den hemel! Daer is gezondheid,
vreugde, eeuwige liefde. »

« Karel komt welhaest terug, Lisa. Hebt gy zelve niet
gezegd, dat gy gauw zult genezen zyn? Hy zal u wel
troosten; zyn vriendelyk woord zal u met nieuwe kracht
doen opstaen uit uw bitter lyden. »

« Nog zes maenden! » zegde het meisje met wanhoop
ten hemel ziende, als vroege zy iets aen God « Nog zes
maenden! »

« Zoo lang niet meer, Lisa; Kobe is van gisteren naer
Brussel met eenen brief van onzen Burgemeester, voor
den heer die onze voorspreker by den Minister is. Alles
doet ons hopen, dat wy voor Karel eene vermindering
van straf verkrygen zullen. Dan komt hy oogenblikkelyk
vry. God weet, of Kobe ons dezen namiddag het blyde
nieuws zyner aenstaende verlossing niet brengt. Lisa,
myn kind, voelt gy u niet herleven by dit gedacht alleen? »

« Arme Karel » zuchtte Lisa, droomend « reeds vier
eeuwige maenden! ô, Vader, ik heb misdaen...... maer
hy, de onschuldige, wat moet hy lyden in zyn donker
kot! »

« Ach, neen, Lisa, ik heb hem immers eergisteren
nog in zyne gevangenis bezocht? Hy onderstaet zyn lot
met geduld; ware het niet dat uwe ziekte hem mistroostig
maekt, hy zou zich gelukkig achten op aerde. »

« Hy heeft zoo veel geleden, Vader; gy zult hem be-

minnen, niet waer? Hem niet meer verstooten? Hy is
zoo goed ! »

« Hem verstooten ! » riep de Baes met bevende stemme
« ik heb hem op myne kniën om vergiffenis gesmeekt; ik
heb zyne voeten met myne tranen bevochtigd......»

« Hemel ! En hy, Vader ? »

« Hy heeft my omhelsd, my gezoend, my getroost. Ik
heb myn zelven willen beschuldigen, hem zeggen dat myn
hoogmoed alleen de oorzaek van zyn ongeluk is, hem
beloven dat myn geheel leven eene boetpleging zal zyn.
Hy heeft my den mond met eenen kus gesloten......
eenen kus die, als een balsem des hemels, hoop en
kracht in myn hart stortte, en my sterk heeft gemaekt om
met minder angst de beslissing van God te gemoet zien.
Gezegend moet hy zyn, de barmhartige, die het kwaed
met liefde loont ! »

« En my ook heeft hy alles vergeven, niet waer,
Vader ? »

« U vergeven, Lisa ? Wat hebt gy ooit misdaen ? Ah,
zoo gy lydt, zoo eene straffe van hierboven u schynt te
treffen, voor my alleen, myn arm kind, is de bittere
boete die gy onderstaet ! »

« En ik, ben ik onschuldig, Vader ? Is het myne lichtzinnigheid niet, die Karel het hart verscheurde en hem
van wanhoop verteeren deed ? Maer hy heeft my toch
alles vergeven, de goede. »

« Neen, neen » riep de vader uit « Karel heeft u niets vergeven. In zyne oogen waert gy altyd de zuivere kuische leliebloem ! Zelfs toen myn zinnelooze hoogmoed u tot onvoorzigtigheid dwong, en alles te samen liep om hem wantrouwen in te boezemen, dan nog stond hy op tegen de minste verdenking en zegde met fierheid in de oogen : myne Lisa is zuiver, my alleen bemint zy op aerde ! »

Een zoete grimlach verscheen op het gelaet der maegd, terwyl zy zegde :

« Ah, die zekerheid zal myn doodbed zacht maken. Als ik daerboven zal zyn, zal ik God voor hem bidden; ik zal uit den hemel hem toelachen waer hy gaet...... tot dat hy ook kome ! »

De blyde toon van Lisa's stemme gaf haren vader moed tot het doen eener pooging om haren geest van de droeve vooruitzigten af te trekken. Met vreugde in de stemme sprak hy :

« En gy weet niet, Lisa, wat hy my eergisteren alte-mael zegde van eenen schoonen hof, dien hy voor u gaet doen maken zoohaest hy vry zal zyn ? Van alle schoone bloemen in overvloed, met slingerende wegeltjes en pa-den, parken, prieelen en vyvers !...... En, terwyl men daeraen arbeidt zal hy met u eene reize doen naer Parys, u de schoonste dingen laten zien die er in de wereld te vinden zyn, u door zyne zoete liefde en door allerlei genot en vreugde den geest verkwikken.... ô,

Lisa, denk toch eens, dan zult gy reeds de vrouw van
Karel zyn. Niets op aerde zal u nog kunnen scheiden :
uw leven zal een hemel van zaligheid zyn ! En Karel wil
hebben dat ik met u en met zyne moeder in de brouwery
woone. Hy zal myn zoon zyn ! Gy, Lisa, gy zult weder eene
teedere moeder hebben. Ik zal door de zachtheid, door de
nederigheid van myn gemoed, de vriendschap der dorpelingen wederwinnen. Ieder zal ons achten, ons liefhebben.
Wy zullen elkander al te samen beminnen ; vereenigd zyn
door den band der broederlyke liefde en vreedzaem ons
leven slyten op aerde !.... Maer, Lisa, myn kind, wat
hebt gy ? Gy beeft ! Zyt gy niet wel ? »

De maegd poogde nog te glimlachen, doch het was
zigtbaer dat de kracht haer daertoe ontbrak. Zy zocht
echter de hand haers vaders, en dezelve gevonden heb-
bende, sprak zy met flauwe, allengskens versmoorende
stemme :

« Vader lief, zoo God van hierboven my niet
geroepen had, zou uw troostend woord my wel genezen ;
— maer, eilaes, wat kan my redden.... van de dood,
die ik altyd, altyd voor myne oogen zie...... gelyk iets
dat ik niet zeggen kan.... eene wolk, — iets dat my
wenkt. Nu weder ; het is ys dat over myn lichaem loopt ;
de lucht is te scherp...... Water, water op myn voorhoofd ! ô Vader, Vader lief, ik geloof...... dat ik sterven
ga !...... »

Met deze akelige woorden sloot zy de oogen en viel ontzenuwd ineen als een lyk.

Baes Gansendonck stortte geknield voor zyne dochter neder en hief de armen smeekend ten hemel, terwyl een tranenstroom hem uit de oogen vloeide ; — maer welhaest werd hy zynen toestand bewust et sprong met koortsigen angst regt. Hy begon de polsen der zieltogende Lisa te wryven, hief haer het hoofd op, riep haer by haren naem, zoende hare verstorvene lippen, en besproeide haer voorhoofd met tranen van berouw en van liefde.

Eenigen tyd daerna keerde het gevoel in de kranke maegd terug. Terwyl haer vader, half zinneloos van vreugde, de teekens harer ontwaking uit den doodslaep op haer gelaet afspiedde, opende zy langzaem de oogen en staerde als verwonderd in het ronde.

« Nog niet ! Nog op aerde ! » zuchtte zy. « ô, Vader, leid my naer binnen ; myn hoofd draeit, het brandt my zoo in de borst; de lucht verteert myne longen, de zon doet my pyn ! »

Als wilde Baes Gansendonck zyn kind van de dreigende dood verwyderen, nam hy haer met yverzuchtige kracht-inspanning in den arm en droeg haer in de kamer.

Daer zette Lisa zich weder by de tafel en legde het hoofd stilzwygend op het kussen.

De Baes wilde iets zeggen om haer te troosten, doch zy smeekte :

« Spreek niet, Vader lief; ik ben zoo moede, — laet my rusten. »

Baes Gansendonck keerde in stilte op zynen stoel terug en vergoot stomme tranen over de naderende dood zyner zielsbeminde Lisa......

Een half uer was verloopen, zonder dat eene beweging, een klank, een zucht de tegenwoordigheid van menschen in deze kamer hadde verraden, toen men eensklaps een rytuig voor de deur hoorde stilstaen.

« Daer is Kobe, Lisa, daer is Kobe! » riep Baes Gansendonck met blydschap « ik hoor het aen den stap van ons peerd. »

Eene vonk der hoop glimde in het kwynend oog der maegd.

De knecht trad waerlyk in de kamer. Lisa scheen alle hare overblyvende krachten samen te rapen om het blyde nieuws te vernemen; zy hief het hoofd op en aenzag Kobe met uitgestrekten hals. De Baes sprong op en riep :

« Welnu, welnu, Kobe? »

Met vochtige oogen antwoordde de knecht :

« Niets! De heer die by den Minister van Justitie voor Karel spreken moest, is naer Duitschland gereisd......»

Eene stille doch yselyk scherpe klagt vloog op uit Lisa's mond. Haer hoofd viel loodzwaer op het kussen; stille tranen ontsprongen harer oogen.

« Eilaes, eilaes » zuchtte zy byna onhoorbaer « hy zal my op aerde niet meer zien ! »

XI.

Distelen gezaeid, doornen gemaeid.

O p eenen schoonen morgen ging een
jonge boer met groote haest over den
steenweg van Antwerpen naer Breda.
Hy hygde zigtbaer, en het zweet stond
in druppelen op zyn voorhoofd. Eventwel, eene
onzeggelyke blydschap straelde uit zyne oogen, en
in de vlugtige blikken welke hy over de velden of
in het grondeloos blauw des hemels stuerde, von-
kelden dankbaerheid tot God en liefde tot de herle-
vende natuer. Zyne stappen waren ligt; van tyd tot tyd
ontsnapte hem een kreet der vreugde : men zou gezegd
hebben dat hy met brandend ongeduld zich voortspoedde
naer eene plaets waer een groot geluk hem wachtte.

En inderdaed, het was Karel, de brouwer, wiens

banden onvoorziens door eene vermindering van straf
gevallen waren.

Nu keerde hy huiswaerts met het hart vol zalige
droomen. Hy ging zyne Lisa wederzien, haer troosten,
haer genezen! Want, was het niet zyne veroordeeling,
zyne gevangenis die het meisje onder den druk van een
knagend verdriet neêrgebogen hield en kwynen deed?
En was zyne verlossing, zyne wederkomst het onfeilbaer
heelmiddel harer ziekte niet? ô, Ja, hy ging haer terug-
vinden, zuiver, beminnend; haer verrassen door zyne
verschyning, haer toeroepen : « rys op uit de smart,
myne Lisa! Hier ben ik, uw getrouwe vriend. Put
krachten uit myne liefde, verhef het hoofd met hoop, al
òns wee is gedaen, zie moedig en bly in de toekomst,
lach het leven toe : het belooft ons nog zoo vele schoone
jaren! »

En zyne goede oude moeder! Hoe ging hy haer beloonen
voor hare liefderyke smarten! Reeds zag hy haer in den
geest hem, van ontroering kermend, komen toegeloopen;
hy voelde hare armen om zynen hals zich strengelen,
haren kus op zyne wangen gloeijen, hare tranen op zyn
voorhoofd rollen...... En hy lachte het zoete beeld
met liefde tegen, terwyl het woord « moeder, moeder »
van zyne lippen viel.

ô, Zalig was de jongeling! De weêrgevonden vryheid
deed hem den magtigen boezem zwellen, de geurende

heidelucht omwalmde hem en goot levensvuer in zyne longen ; de lentezon verguldde het lieflyk dennegroen en kleedde de natuer in prachtig feestgewaed. . . . . Mymerend van eene schoone toekomst, God dankend met overstortend hart, al het beminde zich voor de oogen tooverend, zuchtend van liefde, lachend van geluk, stapte de jongeling immer met versnelden gang voort, tot op omtrent een half uer afstands van zyn geboortedorp.

Daer bleef hy eensklaps bevend staen, alsof een akelig verschynsel hem met schrik en verbaesdheid hadde geslagen.

Uit eenen zyweg waren dry heeren op den steenweg gestapt ; de eene was mynheer van Bruinkasteel !

Of deze persoonen den jongen boer bemerkt hadden ware moeijelyk te zeggen ; althans zy bezagen hem niet en gingen de baen op naer het dorp.

Karel was radeloos. Met den Baron wilde hy nu niet in gesprek komen ; want hy gevoelde wel, aen het bruisen van zyn bloed, hoe gevaerlyk hem dit worden kon indien zyn vyand hem een enkel hoonend woord toestuerde. En nochtans, blyven staen kon hy ook niet : al te magtig was het ongeduld dat hem voortzweepte om zyne beminde Lisa te zien, om zyne oude moeder in de armen te drukken.

Na een oogenblik overweging nam Karel een plotse-

ling besluit; hy sprong van den steenweg in een neven-
pad en liep, tusschen velden en bosschen, in eene baen,
die, ofschoon langs omwegen, hem insgelyks in zyn dorp
brengen zou . . . .
. . . .

Over het dorp zweven de langzame toonen der dood-
klok. . . . . . Op het kerkhof gaept een verschgedolven
graf : elke klank van het treurgelui weêrgalmt in den
wachtenden kuil; het is als klom er eene holle stem uit
den grond op, als zuchtte de aerde met verlangen : kom,
kom, kom !

Zelfs der dieren zenuwen sidderen pynelyk by den
glasachtigen roep der dood : de honden huilen het akelig
klokkenspel tegen, de stieren loeijen met schor geluid.
Ondanks deze nare toonen omvangt eene ontzaggelyke
stilte de gansche gemeente; men bespeurt geene andere
beweging dan den tragen gang van eenzame oude lieden
die, met gebedenboek en roozenkrans, als stomme
schimmen, kerkwaerts komen afgezakt.

In de verte nadert een droeve stoet. . . . . . Maer hoe
schoon vertoont zich hier de togt naer de laetste
rustplaets !

Vier maegden, in sneeuwwit gewaed, dragen het lyk der gezellinne, die stierf in den bloei des levens; nog andere maegden in den zelfden tooi gaen er nevens, om op hare beurt den dierbaren last te aenveerden. Daer achter volgen alle de dochters der gemeente, met bloemen of wypalmen in de hand; ja, zelfs de kleine meiskens, wier onnoozel gemoed nog niet beseft wat het woord *sterven* beteekent. Velen weenen bitter, allen gaen met gebogen hoofde en treuren over de arme Lisa die, eilaes, zoo onschuldig heeft geboet.

Op de kist zyn bloemen gestrooid : roozen en leliën, beelden der maegdelyke zuiverheid. Zy geuren zoo frisch, zy pryken zoo liefelyk op het witte baerkleed...... Daer binnen ligt ook eene bloem, eene lelie door den worm des lydens verknaegd, verslensd en bleek : onnoozel zoenlam, schuldeloos slagtoffer des hoogmoeds en der verwaendheid !

Slechts dry mannen volgen onmiddelyk achter het lyk. Aen de eene zyde gaet Kobe, de knecht; aen de andere Sus, de smid.

Weenend van medelyden en rouw, ondersteunen zy eenen derden persoon, die als een dronke mensch op zyne beenen waggelt. Hy houdt zyn aengezigt met de handen verborgen, tranen lekken van onder zyne vingeren; zyne borst zwoegt zigtbaer onder pynelyk snikken......
Arme Gansendonk, schuldige Vader, gy durft het oog op

die lykbaer niet meer slaen ? By iederen blik byt de worm
des gewetens uw hart te bloede, niet waer ? Gy beeft van
angst en schaemte ?...... Maer ik wil in uw hart niet
zien : uwe martelpyn boezemt my eerbied in ; uwen nood-
lottigen hoogmoed vergetend, stort ik ook eene traen van
medegevoel over uw bitter lyden......

Men nadert het veld der dood ; daer is de Priester
die het laetste gebed over het lyk spreken zal......

Maer, wat is het dat iedereen met schrik en verstomd-
heid slaet ? Waerom die kreet van angst, die te gelykertyd
uit alle borsten opstygt ? Welk vreesselyk verschynsel doet
de maegden beven ?

God, daer is Karel ! — Hy blyft een oogenblik als
van den donder getroffen en staert met wilden blik op
den stoet, wiens gang onder zynen gloeijenden oogslag
plotselings opgehouden heeft...... De verpletterde jongeling erkent wat er geschiedt ! — Zie, met het hair te
berge, komt hy toegeloopen ; hy stort neder by het lyk,
hy stoot met woest geweld de maegden van zich, hy
sleurt het baerkleed af, hy rukt zyne handen te bloede aen
de vyzen, de kist wil hy openen, hy roept zyne Lisa, hy
zwoegt, hy huilt, hy lacht......

Daer komen mannen en trekken hem met onweêrstaenbaer geweld van het lyk weg...... Maer eene nieuwe
oorzaek ontrukt hem eenen schreeuw van wraek, zoo
akelig en zoo magtig, dat elkeen ervan beeft ! Wat heeft

zyn verwilderd oog dan gezien, dat hy als een razende
alles uit den weg smyt en met eenen yselyken zegekreet
naer iets dat hem tergt, vooruitloopt ?

Hemel, daer achter de ruiten eener herberg staet de
Baron !

Ramp, ramp, de dwalende jongeling haelt een mes
uit den zak : het glinstert zoo schrikkelyk in de zon ! Hy
springt brieschend ter herberg in : eene moord gaet geschieden. — Maer neen ! hy strunkelt tegen den dorpel
en valt als een steen met het hoofd op den vloer. Elkeen
houdt de handen kermend in de hoogte, elkeen sid-
dert...... maer Karel staet niet meer op : hy blyft
liggen als hadde de dood in hem een nieuw slagtoffer
gevonden.

De Baron, zyn vyand, is de eerste by hem ; hy ligt
den jongeling met medelyden van den grond, en nu ook
is er iets dat knaegt in zyn binnenste, iets dat hem toe-
roept : « uwe lichtzinnigheid heeft deel in het kwaed dat
rondom u zy schrikkelyk woedt. »

Kobe komt insgelyks toegeloopen ; beide heffen den
jongeling in eenen stoel en besproeijen zyn voorhoofd en
zyne borst met water ; doch hy blyft slap en doodbleek
in den zetel liggen......

Onderwyl murmelt de Priester den laetsten vredegroet

over een graf; de aerde valt met hol geluid op eene dood-
kist neder......

Karel is uit de bezwyming opgestaen. De Baron wil
hem troosten...... Kobe spreekt hem van zyne moeder;
maer de jongeling kent. vriend noch vyand meer; iets
yselyks blinkt in zyne oogen, hy lacht en schynt zoo
gelukkig ! Hy is zinneloos......

Lieve lezer, zoo gy eens by geval door het dorp gaet,
waer deze droeve geschiedenis is voorgevallen, dan zult
gy, voor de brouwery, twee mannen op eene houten bank
zien zitten spelen, alsof zy beide nog kinderen waren. De
jongste heeft een levenloos gelaet, ofschoon het vuer der
dwaesheid in zyne oogen gloeit; de andere is een oude
knecht, die met liefderyk medelyden hem verzorgt en
hem poogt te troosten.

Vraeg den knecht naer de oorzaek van zyns meesters
ramp ; de goede Kobe zal u treurige dingen verhalen, u

het graf wyzen waer Baes Gansendonck nevens zyn kind
voor eeuwig te slapen ligt; en, wees zeker, hy zal onfeilbaer
zyne rede sluiten met deze spreuk :

« DE HOOGMOED IS DE BRON VAN ALLE KWAED. »

CPSIA information can be obtained
at www.ICGtesting.com
Printed in the USA
BVOW06s1939060317
477895BV00012B/142/P